U1074156

现货原油

投资技术基础

周培仁 著

Xianhuo Yuanyou
Touzi Jishu Jichu

SPM
南方出版传媒
广东经济出版社
·广州·

图书在版编目（CIP）数据

现货原油投资技术基础 / 周培仁著 . —广州：广东经济出版社，2015. 9（2016. 2 重印）
ISBN 978 - 7 - 5454 - 4132 - 1

Ⅰ. ①现… Ⅱ. ①周… Ⅲ. ①原油 - 投资 - 基本知识 Ⅳ. ①F830. 9

中国版本图书馆 CIP 数据核字（2015）第 153768 号

出版发行	广东经济出版社（广州市环市东路水荫路 11 号 11 ~ 12 楼）
经销	全国新华书店
印刷	广州家联印刷有限公司 （广州市天河区东圃镇吉山村坑尾路 3 - 2 号）
开本	787 毫米 × 1092 毫米　1/16
印张	10
字数	207 000 字
版次	2015 年 9 月第 1 版
印次	2016 年 2 月第 3 次
印数	800 1 ~ 11 000
书号	ISBN 978 - 7 - 5454 - 4132 - 1
定价	50. 00 元

如发现印装质量问题，影响阅读，请与承印厂联系调换。
发行部地址：广州市环市东路水荫路 11 号 11 楼
电话：（020）38306055　37601950　邮政编码：510075
邮购地址：广州市环市东路水荫路 11 号 11 楼
电话：（020）37601980　营销网址：http://www. gebook. com
广东经济出版社新浪官方微博：http://e. weibo. com/gebook
广东经济出版社常年法律顾问：何剑桥律师
· 版权所有　翻印必究 ·

写在前边的话

随着原油市场日益火爆，很多投资者开始热衷于原油的投资。投资者能在杠杆交易的原油品种中快速获取暴利，但如果缺乏相关的专业知识和技术，也很容易快速亏损。为了使投资者能够清楚地了解原油品种、学会原油的操作技巧，更加理性地投资，结合笔者多年来对 T+0 杠杆交易的实战经验，写下笔者交易中的一些经验与心得。本书从裸 K 线出发，深入研究 K 线形态、轨道、高低点以及颜色的变化，通过对最为原始 K 线的研究，从多空博弈的角度辨别市场多空方向，从 K 线高低点以及颜色的变化选择飘单技巧和风险控制。本书结合分时图以及 K 线判断多空方向，运用分时图的技巧选择下单、止损止盈以及飘单。本书是目前市场上唯一以裸 K 线、分时图为基础的实训教材，也是原油投资者获取暴利最为有效的武器。因为水平有限加之时间仓促，本书还没达到完美的程度，请读者诸君在阅读和使用的过程中把发现的瑕疵记录下来发给我，以便进一步完善。联系 QQ：737217151，培仁在此感激不尽。限于篇幅，更为详细的现货实战技术将在《现货裸 K 技战术》和《现货分时图技战术》中讲解，股票实战技术将在《看图炒股系列丛书》讲解，敬请谅解。在学习和使用本书的过程中，如果遇到什么问题，都可以联系笔者，寻求援助；如果需要更多的学习资料，也请 QQ 联系。

周培仁

2015 年 3 月 18 日写于中国广州

目 录

第一章 关于原油投资的几种必知

第二章 原油投资怎样看盘

第三章 选择多单的技巧

第四章 选择空单的技巧

第五章　选择飘单的技巧

第六章　仓位管理策略

第七章　风险管理策略

第一章 关于原油投资的几种必知

现货原油，是国际上重要的T+0双向杠杆交易投资项目。近几年被视为是国内最具发展潜力的投资之一，想参与的投资者众多，我们先来了解一下原油的几种应知应会的基础知识。唯有了解它的特点、优势和交易规则，才能知道这一投资品种是否真的适合你。

第一节 什么是原油投资

一、什么是原油

原油也可以叫作石油，一般来说，我们把从油井中开采出来的还没有加工过的石油叫作原油。原油是一种由各种烃类组成的黑褐色或暗绿色黏稠液态或半固态的可燃物质。按照密度来划分，原油可以分为轻质原油、中质原油和重质原油。虽然是同类，但是不同油田的原油成分和外貌往往有很大差别。原油主要用作燃油和汽油，也是化学工业产品的原料。

二、什么是原油投资

原油投资也叫石油投资，是国际上重要的投资项目。国内个人参与原油投资主要通过与石油交易所的机构会员合作进行投资，交易所一般不支持个人投资。国际上主要有四种投资方式：现货投资、期货投资、期货指数化投资以及能源股类投资；国内主要支持现货投资和期货投资两种方式。（2014 年 2 月 14 日，北油所成品油现货交易正式上线，标志着国内首家融合成品油批发与零售交易的线上交易平台正式运营，首期交易品种为国Ⅳ93＃汽油。）

1. 现货投资

首先它实行的是 T＋0 交易制度，每天可以反复做多手。具有杠杆作用，提高投资者资金利用率；具有买涨买跌的双向交易机制，无论价格上涨还是下跌，都有投资机会。最大的优点就是风险更小，行情容易把握，获利机会更多，最合适追求稳健风格的投资者。

这一投资方式早前主要用于大机构之间，从 2014 年 2 月 14 日，北京石油交易所开通了个人进行现货投资的渠道后，个人可以通过与北油所内部的机构会员合作进行投资。石油现货交易是指买卖双方出自对实物石油的需求与销售实物石油的目的，根据商定的支付方式与交货方式，采取即时或在较短的时间内进行实物石油交收的一种交易方式。在现货交易中，随着商品所有权的转移，同时完成石油实体的交换与流通。因此，石油现货交易是石油商品运行的直接表现方式。石油现货交易是国际上广泛使用且备受关注的交易方式，尤其是在经济发达的国家中。现货交易是大银行之间，以及大银行代理大客户的交易，买卖约定成交后，最迟在两个营业日之内完成资金收付交割，但交割的时间可以不断延期。

2. 期货投资

期货投资是相对于现货交易的一种交易方式，它是在现货交易的基础上发展起来的。通过在期货交易所买卖标准化的期货合约而进行的一种有组织的交易方式。期货交易的对象并不是商品（标的物）本身，而是商品（标的物）的标准化合约，即标准化的远期合同。这一投资方式普通投资者也可以采用，主要是做直接的期货交易。优点是可以杠杆操作，可以做多或做空，操作灵活，流动性好。缺点是风险巨大，资金量使用较多，需要投资者有足够经验。因此，期货投资的方式在国内逐渐走下坡路。

三、原油投资品种有哪些

投资石油产品有六大品种：成品油、燃料油、润滑油、原油、燃气、综合类化工产品。主要可供投资的石油品种为成品油。成品油是指汽油、煤油、柴油及其他符合国家产品质量标准、具有相同用途的乙醇汽油和生物柴油等替代燃料，是用量最大的轻质石油产品之一，是引擎的一种重要燃料。

根据制造过程可分为：直馏汽油、热裂化汽油、催化裂化汽油、重整汽油、焦化汽油、叠合汽油、加氢裂化汽油、裂解汽油、烷基化汽油、合成汽油等。

根据用途可分为航空汽油、车用汽油、溶剂汽油等三大类。

第二节　原油投资交易所简介

一、世界原油交易所

原油投资交易越来越火热，世界原油交易所主要有：

（1）纽约商品交易所：轻油、天然气、无铅汽油、热油、布兰特原油

（2）新加坡交易所：中东原油

（3）东京工业品交易所：汽油、煤油、柴油、原油

（4）英国国际石油交易所：布伦特原油、柴油

二、中国原油交易所

原油现货交易在国内的起步较晚，被视为是最有发展潜力的行业之一。国内已有多家交易所实现了原油的现货交易。中国原油交易所主要有：

（1）北京原油交易所

（2）上海原油交易所

（3）大连原油交易所

（4）厦门原油交易所

（5）鲁银商品交易所

（6）渤海商品交易所

第三节　原油交易应知应会

一、原油的投资特点

原油，实现了投资与保值的双剑合一。

原油是社会生活重要的战略能源。多个层面上运用到原油，一旦出现供需变动等因素影响，油价就会随即出现波动，出现投资机会。因此，原油具有投资功能。同时，作为反应通胀的核心因素之一，原油价格会随着通胀而上涨，因此，原油可以作为应对通胀的保值商品。原油价格波动大且频繁，多因素带来的是更多的机会。

原油投资品种平均波幅超过 80 个点。而且，原油价格受美国经济数据、供求因素、战争等多种因素影响，增加了原油市场出现 80 点波动的几率，创造出更多的盈利机会。

22 小时交易制度、T+0 制度搭配多空机制。原油投资采取多空机制，可做多亦可做空。而且原油市场采取 T+0 制度，比起股票操作更加灵活。石油市场一天会出现多个波动，交易时间有 22 小时，出现更多机会。

接轨国际市场，市场透明，公平公正。

前海油价格参照美原油 WTI，价格运行同步国际市场，市场资金容量大且透明，难以被操纵。造成价格波动影响因素的信息公开透明，投资公平公正。

二、原油的产品优势

优势有很多，主要体现在：

1. 22 小时连续交易

白天晚上随时都可以交易，交易机会更多。

2. 双向交易

看涨先买入，看跌先卖出，上涨下跌都能赚钱，比炒股趣味性更强。

3. 即时交易

随买随卖，获利随时都可以落袋为安。

4. 保证金制度

最高 3%保证金比例，3 万可以做 100 万的生意，最大化提高资金利用率。

5. 无涨跌板限制

不存在涨停跌停无法买卖的情况，赚钱无上限。

6. 价格透明公正

价格与国际价格同步，不存在庄家控盘。

7. 资金第三方托管

银行三方托管，资金充分安全，存取款自由、方便。

8. 低手续费

交易手续费不超过成交金额的万分之八，大大降低了交易成本。

三、原油与股票产品对比

投资品种	前海油	股票
产品地域	全球市场	国内市场
成交量	每天连续交易量以上万亿美元计算	每天成交量以百亿～千亿计算
交易时间	22 小时连续交易	上午 9:30～11:30，下午 13:00～15:00
交易方向	做多做空双向交易	只能做多
交易机制	T+0（即理论上当日可以无限次来回交易）	T+1（即当日买入当日不能卖出）
交易费用	不超过万分之八的手续费，无印花税	千分之三的交易佣金+千分之一的印花税+过户费
占用资金	只需预付 5%的款项享受 100%资金操作，资金利用率高	必须支付 100%资金才能进行操作，资金利用率低
波动比例	涨跌停限制，不会出现无法买入或卖出的情况	10%的涨跌停限制，会出现无法买入或卖出的情况
成交机制	做及时交易，成交价始终存在，下单后立即成交，无需排队	撮合制度，有人接盘才能成交，成交还需要排队
可操控性	成交量巨大，不存在人为操纵市场的可能性（消息的公开性）	存在人为操纵的可能性，存在内幕消息（即消息不对称性）
分析操作	集中精力分析单一品种，省时省心	品种复杂，需要从上千只股票中进行筛选，费时费力
产品性质	原油电子盘交易已有上百年的历史，是国际货币体系的重要组成部分	上市公司可能因为经营不善而清盘退市，化为乌有

四、原油其他常见问题

1. 选择正规的投资平台

判断一个原油投资平台是否正规，有两个直接的方法：第一，可以在当地（省级）金融办官网里查询是否有该交易所的批文；第二，可以去“交易中国”的网站在最新的合规平台里面查询是否有你所查询的交易所。

2. 资金安全且自由

原油投资有风险，入市须谨慎，在考虑一个投资品种赚不赚钱之前，你先要考虑到你的投入资金是否安全。就算再好的交易品种，能让你的资产翻几十倍，你赚了的钱，如果拿不出来，那也是白搭。所以你投入的资金是否安全且可否自由出入很是关键。常见的判断方式，在入金之前，是否有银行绑定，该交易所是否能在绑定银行查询得到“席位号”，一般能查到席位号的交易所，在进行银行绑定时，可以在网银绑定页面看到。

第二章 原油投资怎样看盘

原油投资临盘实战的时候，需要及时了解各种盘口信息，快速反应，即刻做出对策。因此，在看盘界面上，要根据实战的需要做一些设计。本章着重讲解新建工作页面的详细方法，以及如何根据自己的实战需要，调整已有的工作页面。（备注：本书以下介绍的看盘界面、看盘所使用的软件及截取的案例不属于平台推荐。）

第一节　看盘界面的设计

一、怎样新建看盘工作页面

1. 选择版面设置菜单

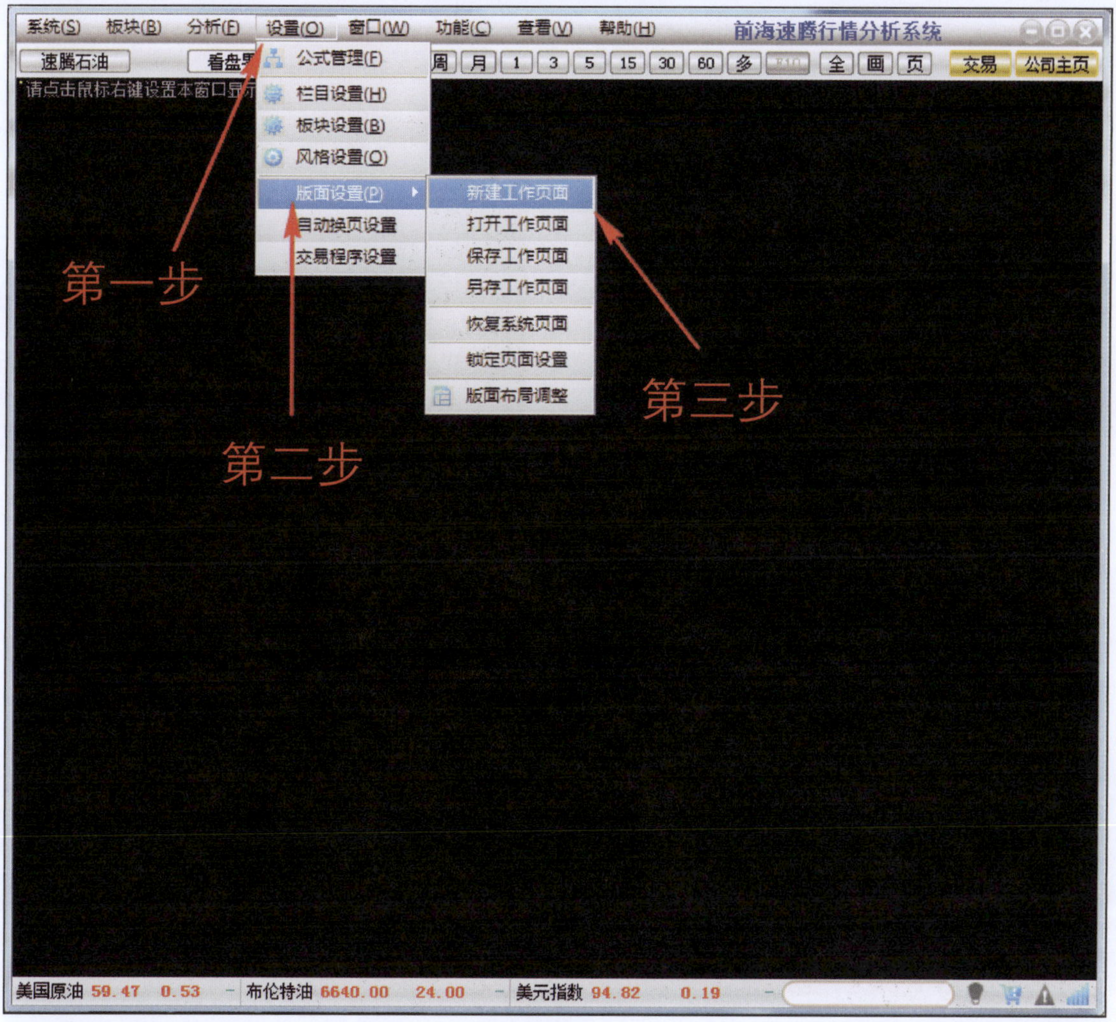

图例 001

相关说明：

（1）打开前海速腾行情分析系统软件，在顶头工具栏找到【设置】按钮。

（2）点击一下，出现下拉条，找到第 4 个子菜单【版面设置】，鼠标停留。

（3）往右边看，出现子下拉条，找到【新建工作页面】，点击一下。

（4）待跳出弹窗【设置名称】，填写自己认为合适的名称，比如“看盘版面”之类。

（5）填写之后点【确定】，随后便跳出一个空白的窗口，如图例 001 所示。

（6）接下来就可以根据自己的看盘需要，开始设置实战看盘版面。

2. 进行版面布局

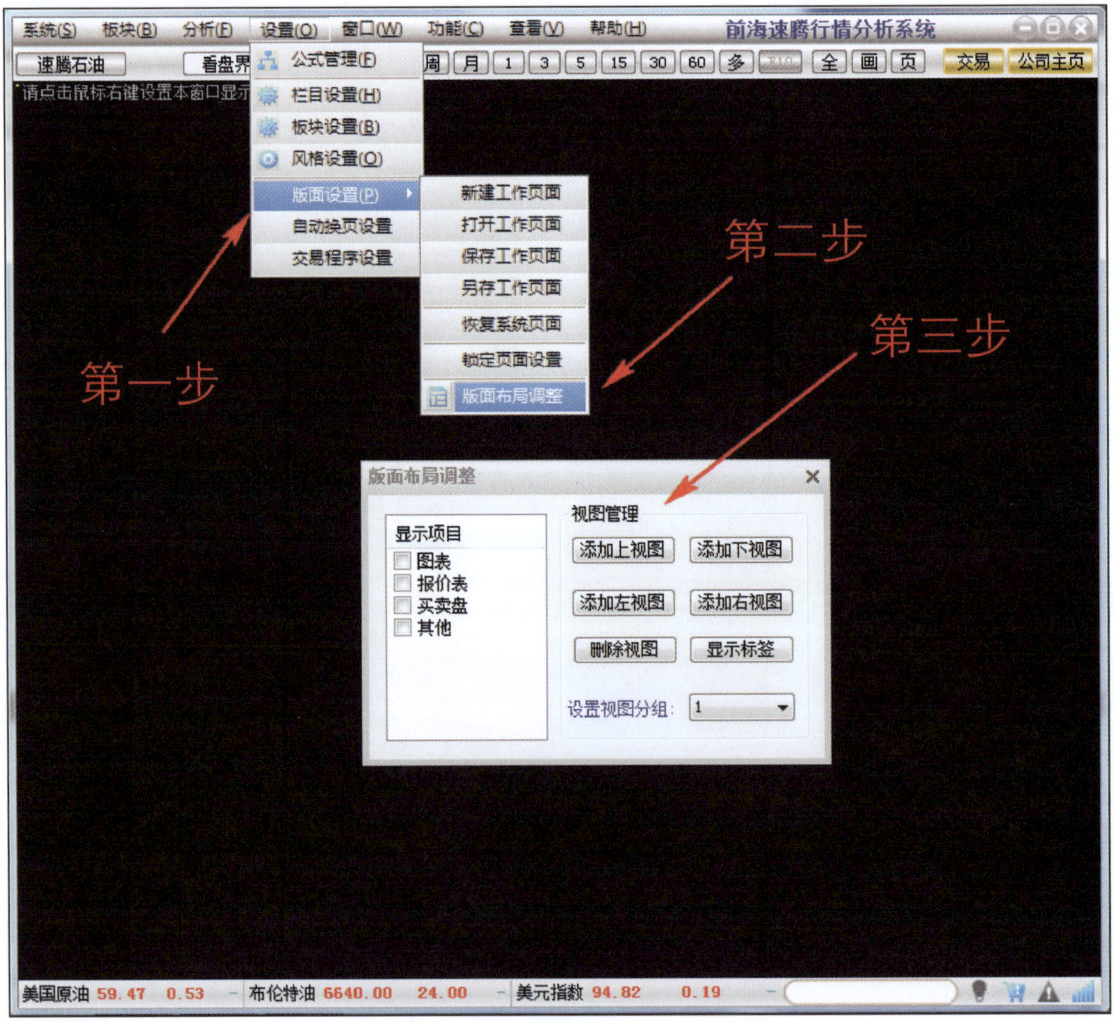

图例 002

相关说明：

（1）在上边图例 001 的基础上，点击子下拉条，找到【版面布局调整】，点击一下。

（2）出现弹窗【版面布局调整】，找到右边的【视图管理】菜单。

（3）根据自己的需要，分别添加上视图、下视图、左视图和右视图等。

（4）点击【设置视图分组】滚动窗，可以给视图分组，比如 1、2、3……之类。

（5）视图划分之后，如果觉得不满意，可以点击【删除视图】，推倒重来。

（6）如果需要在底部显示标签，点击【显示标签】即可。

3. 选择版面相关内容

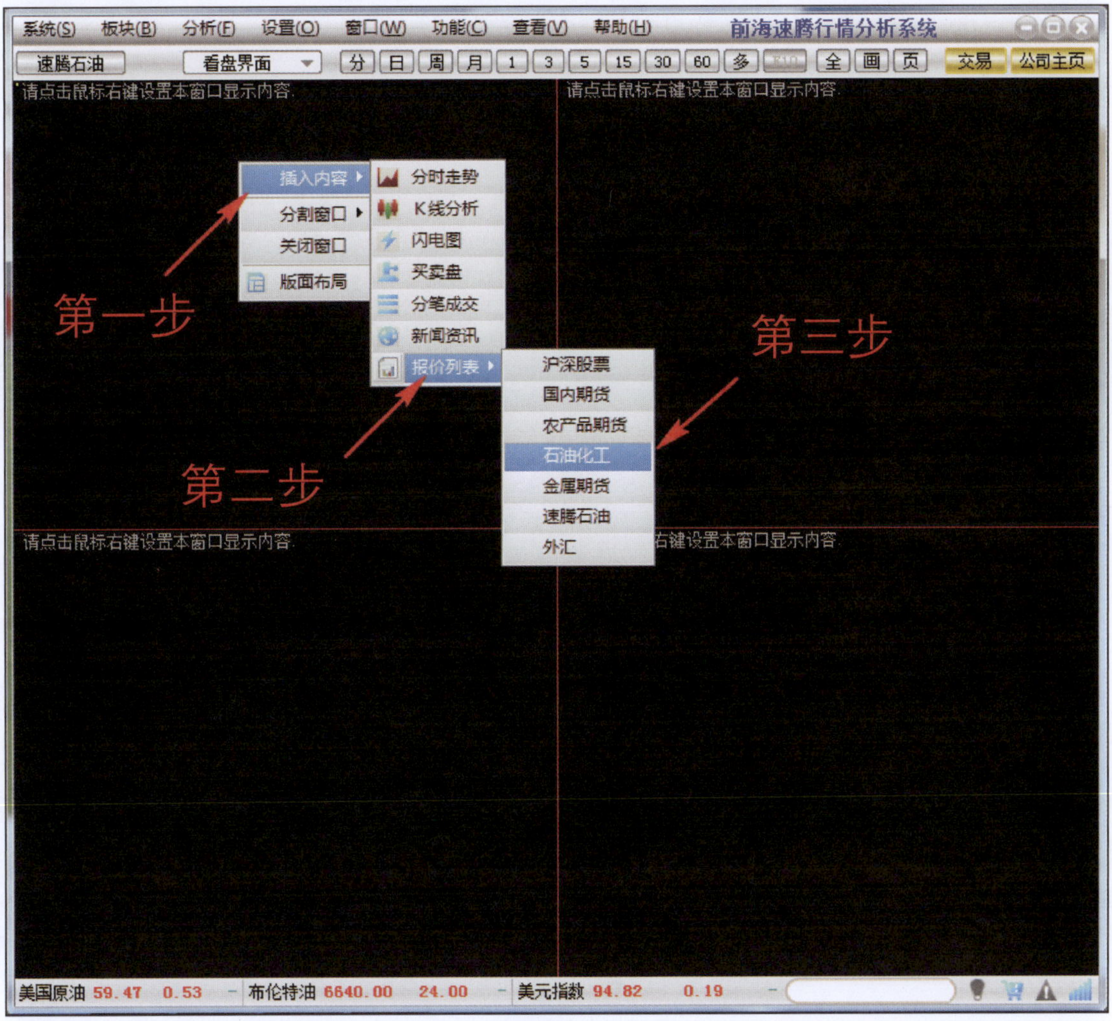

图例 003

相关说明：

（1）在图例 002 的基础上，按鼠标右键，进一步选择版面的相关内容。

（2）把鼠标停留在弹出的浮动下拉条上边的【插入内容】按钮。

（3）往右边看，出现子下拉条，根据需要，在不同的视图中选择相应内容。

（4）上边的视图可以按照从左到右的习惯，选择 K 线分析、分时走势。

（5）下边的视图可以左边选择报价列表中的内容，如速腾石油之类。

（6）右下角的视图可以选择新闻资讯，以便及时查看最新的信息。

4. 插入版面有关内容

图例 004

相关说明：

（1）如图例 004 所示，这是插入了相关内容的看盘版面。

（2）在左上角的子窗口里，插入了主打产品“前海油 10”日线走势图。

（3）在右上角的子窗口里，插入了主打产品“前海油 10”分时走势图。

（4）在左下角的子窗口里，插入了沪深证券的报价列表，方便查看。

（5）在右下边的子窗口里，插入了金属期货报价列表，方便盘中查看。

（6）这是初步设定的看盘版面，还可以根据自己的需要进行调整。

5. 调整版面布局

图例 005

相关说明：

（1）对于已经定制完毕的看盘版面，可以根据自己的需要进行调整。

（2）在需要调整的子窗口里边按鼠标右键，跳出下拉条，如图所示。

（3）如果需要调整内容，请点击【插入内容】，出现子下拉条后进行选择。

（4）如果需要关闭某个子窗口，则点击【关闭内容】按钮即可。

（5）如果需要增加内容，则点击【版面布局】，然后根据提示操作。

（6）其他方面的调整，请参见前边的叙述，在这里不再重复。

6. 保存相关版面

图例 006

相关说明：

（1）上边的定制环节完成之后，逐项检查，核对，如果满意即可存盘。

（2）点击【设置】出现下拉条，找到【保存工作页面】，保存。

（3）也可以点击【另存工作页面】按钮，保存在自定义文件夹。

（4）完成上述环节之后，将设计好的工作页面上传到云盘。

（5）退出当前界面，再次打开软件，就可以调用设计好的看盘版面。

（6）在使用过程中如果有什么不满意，按鼠标右键找到相关项修正即可。

二、工作页面的使用方法

1. 工作页面的导入

图例 007

相关说明：

（1）如果不是自己设计看盘版面，也可以使用系统默认的看盘版面。

（2）或者从网上下载，也可以委托他人设计，拿来直接使用即可。

（3）调用的方法是找到上边的工具条，点击【设置】之后出现下拉条。

（4）然后找到【打开工作页面】按钮，点击一下，出现弹窗。

（5）在弹窗里选择相应的看盘版面，点击，即可查看和使用。

（6）如果不熟悉软件使用方法，可以查看相关的帮助文件。

2. 工作页面的调用

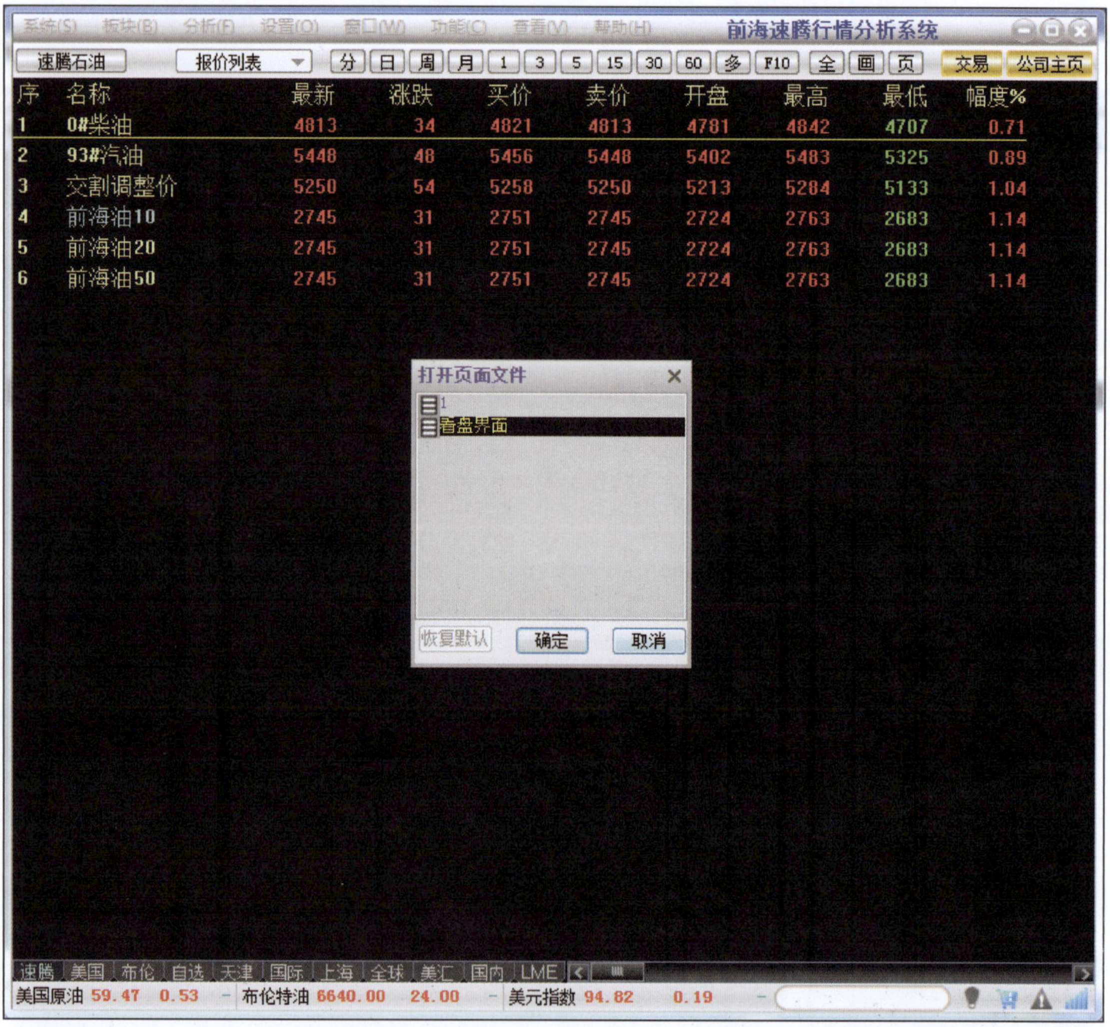

图例 008

相关说明：

（1）除了上边所讲的使用方法之外，也可以采取调用的方式使用工作页面。

（2）如图所示，找到表头中嵌入的滚动窗，点击一下，即跳出活动窗。

（3）找到【打开页面文件】菜单，上边显示已经保存的看盘版面。

（4）根据自己的需要，选择想要使用的看盘版面，点击一下即可。

（5）为了快速调用看盘版面，可以在安装目录下把不常用的删除。

（6）详细的删除方法，请查看软件的帮助文件，在这里不重复。

3. 工作界面栏目的切换

图例 009

相关说明：

（1）在上边的看盘版面里，可以点击左下角的按钮，切换工作界面的栏目。

（2）比如点击【所】按钮，出现上拉条，即可看到上证所有商品的栏目。

（3）根据自己的看盘需要，选择相应的栏目作为观察的对象。

（4）这样就可以一边查看原油的走势，一边查看上证品种的报价信息。

（5）如果是一边做债券，一边做原油，就可以点击【沪深债券】查看。

（6）这样一来，就可以兼顾多品种，实现更多的投资品种同步浏览。

4. 看盘内容的切换

图例 010

相关说明：

（1）如果一边做原油投资，一边做贵金属投资，还可以通过看盘内容的切换来看盘。

（2）比如要查看外盘金属的报价，可以点击右下方的底角菜单栏。

（3）找到需要查看的栏目，点击一下，出现上拉条，选择需要的栏目。

（4）在需要查看的栏目上边点击打个勾，即可显示相关的内容。

（5）如果需要查看相关的日线走势或者分时图走势，可以扩展视图窗口。

（6）也可以用临时替换的方式，更改看盘的内容。参见前边的叙述。

5. 看盘界面的切换

图例 011

相关说明：

（1）为了提高看盘的精确度，可以通过多版面对比来甄别各种信息。

（2）或者用多周期对比的方式，辨认多空的操作力度，制定对策。

（3）点击顶头上表头里的滚动窗，即可查看到相关的预设版面。

（4）这些预设版面可以是不同类型的，不同周期的，一应俱全。

（5）在临盘实战的时候，如果常采用动态下单的方式，可用这些方法看盘。

（6）但是，如果硬件不达到比较高的配置，建议不要采用看盘版面切换方式。

第二节 看盘要素的选择

一、看阴阳，判断多空

1. 判断多空的重要性

原油投资和贵金属投资的原理一样，在实战中，最重要的是看对方向做对单。因为原油投资属于双向交易，既可以做多，也可以做空。在 T+0 和加杠杆的交易制度下，看对方向做对单，很容易实现暴利，反之，则很容易出现暴亏。所以，看盘的第一步就是看阴阳定多空。对于走势的方向和性质，可以根据蜡烛线的阴阳和位移方向来定性。

（1）用蜡烛线的阴阳来判断多空。

如果当前的蜡烛线是阳线，可以认为当下是多头行情。接下来再根据阳线实体的大小和上下影线的有无来判断多头的强弱。主要判断依据列举如下：

第一组：没有上下影线的光头光脚蜡烛线

如果是光头光脚的大阳线，则说明多头走势非常强劲；

如果是光头光脚的大阴线，则说明空头走势非常强劲。

如果是光头光脚的中阳线，则说明多头走势比较强劲；

如果是光头光脚的中阴线，则说明空头走势比较强劲。

如果是光头光脚的小阳线，则说明多头走势一般强劲；

如果是光头光脚的小阴线，则说明空头走势一般强劲。

第二组：带长上影线的蜡烛线

如果是长上影线的光脚大阳线，则说明多头走势强劲，空头反扑力度大；

如果是长上影线的光脚大阴线，则说明空头走势强劲，多头反击力度大。

如果是长上影线的光脚中阳线，则说明多头走势一般，空头反扑力度大；

如果是长上影线的光脚中阴线，则说明空头走势一般，多头反击力度大。

如果是长上影线的光脚小阳线，则说明多头走势较弱，空头反扑力度大；

如果是长上影线的光脚小阴线，则说明空头走势较弱，多头反击力度大。

第三组：带长下影线的蜡烛线

如果是长下影线的光头大阳线，则说明多头走势曾经羸弱，但反击力度很大；

如果是长下影线的光头大阴线，则说明空头走势曾经强劲，多头反击力度大。

如果是长下影线的光头中阳线，则说明多头走势很一般，但反击力度比较大；

如果是长下影线的光头中阴线，则说明空头走势曾经较强，多头反击力度大。

如果是长下影线的光头小阳线，则说明多头走势曾经较弱，但反击力度较大；

如果是长下影线的光头小阴线，则说明空头走势曾经很强，但多头反击力度大。

以上三组是最常用的判断依据。至于星线之类，属于多空双方激烈博弈之后达成的短暂的动态平衡，暂时处于胶着状态，此时以观望为主。在这里就不做列举了。

（2）用上下影线的长短判断多空博弈的力度。

关于这部分内容，将在分时图下单方法章节中讲解，在此不赘。

2. 看阴阳实战案例

相关说明：

（1）如图例 012 所示，图上 A 处的蜡烛线属于典型的低位上拉线，是反转形态。

（2）此处高开高走，适合做多单。虽然带有上影线，但不算很长，多头依然强大。

（3）图上 B 处的蜡烛线属于长上影线小阳线，上影线很长，说明多头曾经很强大，发起过激烈的进攻，但是做空的势力也很强大，所以将多头压下来了。最终收盘价定格在前一日的最高价之上，说明多头依旧很强大，不惧怕空头的扑杀。后市依旧看多做多。

（4）图上 C 处的蜡烛线下影线很长，说明空头曾经非常凶悍，但是暂时被多头劫杀，处于了下风。多头也消耗了过多的动能，最终未能收在前一日的最高价之上。

图例 012

说明多头此时已经力有不逮，再也难以抵挡空头强烈攻击。因此，后市堪忧。

（5）图上 D 处蜡烛线的上影线很长，但最终收出了墓碑线，说明多头曾经很强大，但无功而返，连一点阳气也没了，收了阴线。这是典型的溃败走势。后市看空做空。

（6）在实战中，只需按照前边的标准判断多空即可。

二、看位置，衡量强弱

1. 从蜡烛线相互位置关系看盘

蜡烛线之间的位置关系，可以分为三类。一是线上线，二是线中线，三是线下线。这三种类型可以用来判断多空力量的强弱。实战看盘的方法简要介绍如下：

（1）线上线：即当下的蜡烛线与前一根之间存在着上跳空缺口。向上跳空属于非常彪悍的多头行情的开始，接下来很可能出现一轮波澜壮阔的大行情。因此，在实战中一旦发现向上跳空，应当立即下注做多，绝不含糊。当然，为了安全起见，也要同时设止损单。

（2）线中线：即当下的蜡烛线与前一根之间存在着重叠关系。这是最常见的位置关系，需要在看盘的时候注意蜡烛线的阴阳以及相互之间的重叠位置。如果是阳中阴，说明由多头强势向空头强势转变。反之，如果是阴中阳，则说明由空头强势向多头强势转变。注意把握阴阳之间的互换关系，即可把握住行情的方向，正确下注。

（3）线下线：即当下的蜡烛线与前一根之间存在着下跳空缺口。向下跳空属于非常彪悍的空头行情的开始，接下来很可能出现一轮波澜壮阔的大行情。因此，在实战中一旦发现向下跳空，应当立即下注做空，绝不含糊。当然，为了安全起见，也要同时设止损单。

2. 用位置关系衡量强弱的案例

相关说明：

（1）如图例 013 所示，蜡烛线 A 与前一天的位置关系是线中线，低开高走，最终以上拉线报收。盘中在企稳的时候，应该做多单，尤其是攻克前收盘价的时候，看涨。

（2）上图中 B 处的蜡烛线与 A 属于同一类型，可以参照 A 的手法操作。

（3）上图中 C 处的蜡烛线属于穿头破脚走势，盘中应根据分时走势做空。

（4）上图中 D 处的蜡烛线属于刺透线之后的上拉线，很显然属于反转的后续走势，根据走势的惯性原则，在上拉线成立的时候，开多仓，做多为主。

（5）在观察蜡烛线之间的位置关系时，要特别注意阴阳之间的切换。

（6）限于篇幅，蜡烛线之间的位置关系不做展开，请参见已出版的《蜡烛图技战术细细讲》一书。

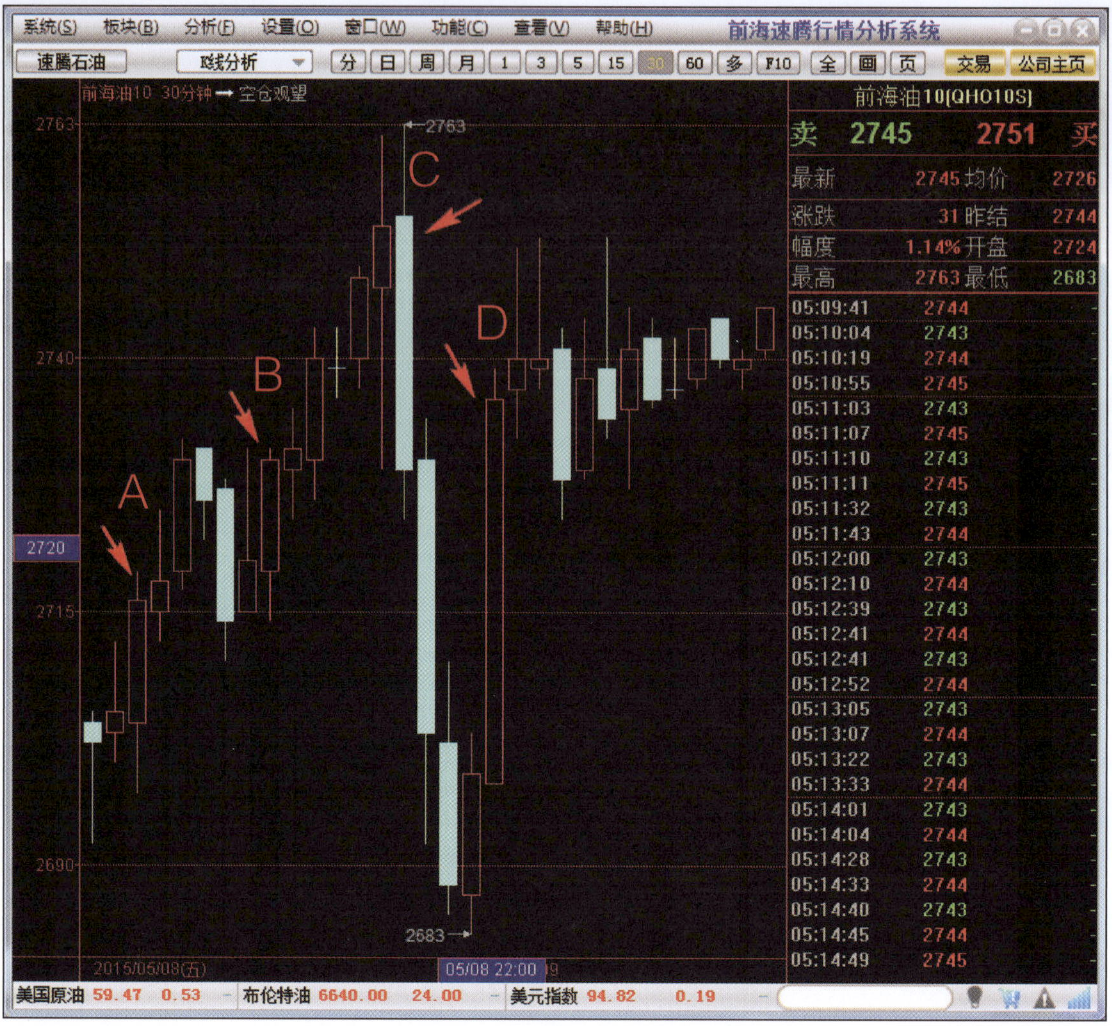

图例 013

三、看高低，辨析趋势

1. 从日线级别的高低点变化辨别趋势

蜡烛图日线级别的高低点变化可以作为判断短期趋势的主要依据。如果当下蜡烛线的高点高于前一根蜡烛线的高点，同时它的低点也高于前一根蜡烛线的低点，那么就可以把这种图形理解为上行趋势。这时候就可以考虑做多单。反之，如果当下蜡烛线的高点低于前一根蜡烛线的高点，同时它的低点也低于前一根蜡烛线的低点，那么就可以把这种图形理解为下行趋势。这时候就可以考虑做空单。这是最基本的规矩。如果高低点不是同步位移的，则需要结合分时走势来判断多空的博弈力度，以观望为主，暂时不做。

2. 从高低点位移看趋势实战案例

图例 014

相关说明：

（1）如图例 014 所示，图上 A 组三根阳线，它们的高低点同步上移，看多。

（2）蜡烛线的高低点朝着同一个方向移动，即表示同步位移，趋势明确。

（3）这是我们看盘判势的主要依据，也是断定多空的主要依据。

（4）同样道理，图上 B 组三根阳线，位移的方向一致，高低点同步。

（5）这样的图形表示多头强势明确，也是做多的核心依据。

（6）在实战中，可以用不同时间框架的蜡烛线来判断不同级别的趋势。

相关阅读：蜡烛线高低点变化的核心组件

一、双高

1. 高点抬高：双高的第一个意思是当前的价格高点高于前一个时间单位的高点。时间单位可以是5秒钟、15秒钟，也可以是1分钟、5分钟、15分钟、30分钟和60分钟，或者是日线、周线、月线、季线和年线等。总而言之，用来比较的两个高点必须是同样的时间单位，也就是说时间框架必须是一致的，否则就无从比较。

2. 低点抬高：双高的第二个意思是指当前价格的低点高于前一个时间单位的低点。也就是说，在相同的时间框架内，当前的低点比起前一个低点抬高了。

二、双低

1. 高点下移：双低的第一个意思是当前价格的高点低于前一个时间单位的高点。也就是说，在相同的时间框架内，后一个高点比前一个高点下移了，变低了。这是多头攻击乏力的表现。因此，当高点开始下移的时候，就意味着原来的趋势发生了微小的变化。虽然这种变化还很隐蔽，还不足以改变原来的趋势，但是，风起于青萍之末，见微知著，见高点下移而警惕趋势的变异，这是每一位交易者必须具备的基本素质。

2. 低点下移：双低的第二个意思是当前价格的低点低于前一个时间单位的低点。低点下移意味着空头进一步发威，并且得逞。因此，当价格出现低点下移的时候，就意味着空头比上一个时间单位更强大，如果多头此时不能够迅速反击，并且扭转颓势，那么接下来空头进一步发威，就很可能演变成趋势转折点，从而实现多翻空的转变。

第二章 选择多单的技巧

选择多单或者叫选择做多，最基本的原则是多头趋势明确。所谓多头趋势明确，是指下面两种情况，一是由空翻多的反转形态已经成立，二是多头趋势处于持续形态中。这两种情形，都是适合做多的市场环境。因此，本章讲解的做多技巧，是假设当前市场处于多头趋势明确的背景下。也就是说，只有在多头市场里，我们才选择做多，这一点非常重要。

第一节 多头市场的辨识

一、日线级别的多头市场

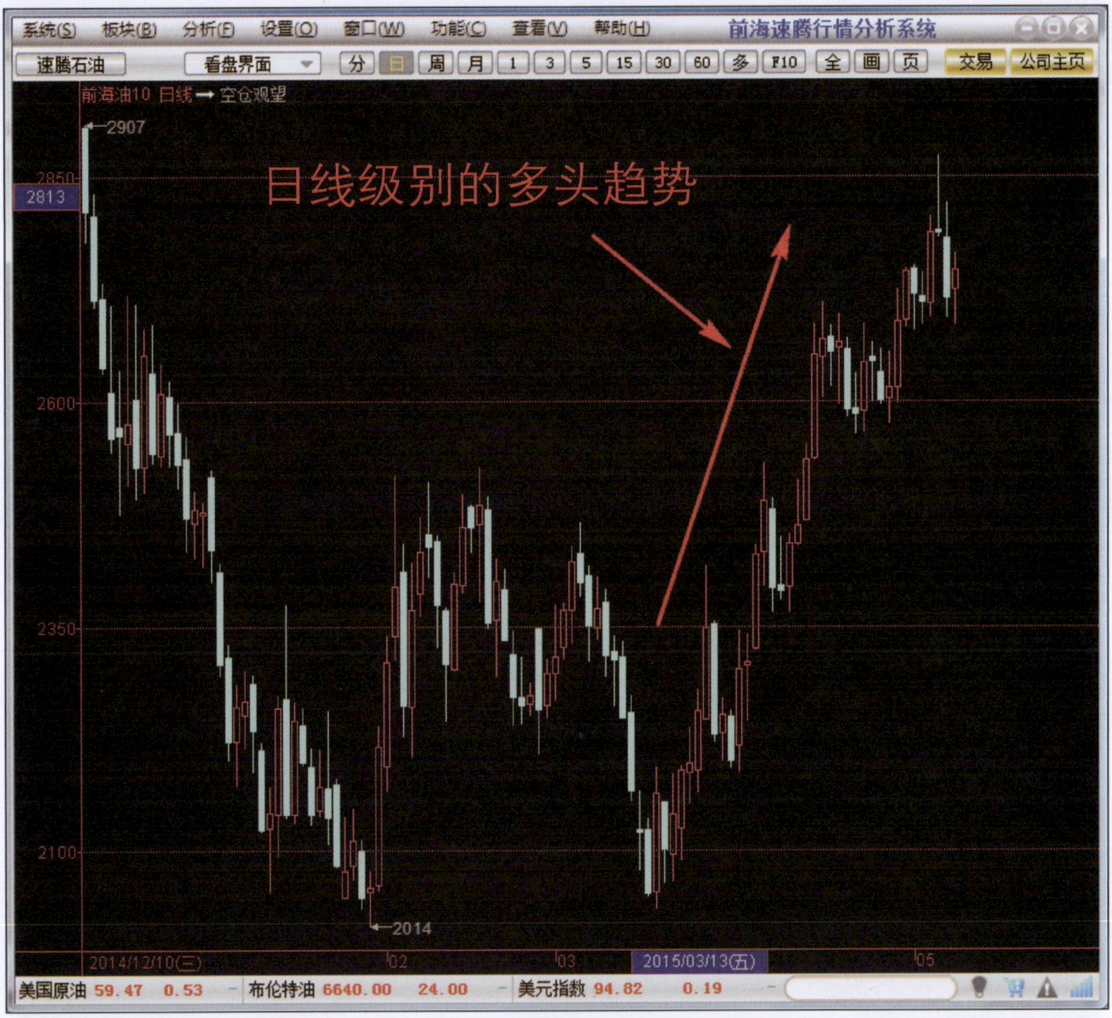

图例 015

相关说明：

（1）日线级别的多头市场，是指日线周期的蜡烛线同步向上运行，呈现为上行趋势，即常说的多头趋势。它属于最常见的技术分析所指的趋势性多头格局运行。

（2）当日线级别的蜡烛线高低点同步向上的时候，就是做多的时候。

（3）这些蜡烛线朝同一方向的向上同步运行，属于市场不断做多的结果。

（4）因此，同步向上运行的时候，已经属于多头行情，这时候就坚决做多。

（5）这时候最需要看清趋势，而不要臆断或者猜测，以为会逆转。

（6）更不要想当然地认为市场过热了，逆势而动去做空单。

二、周线级别的多头市场

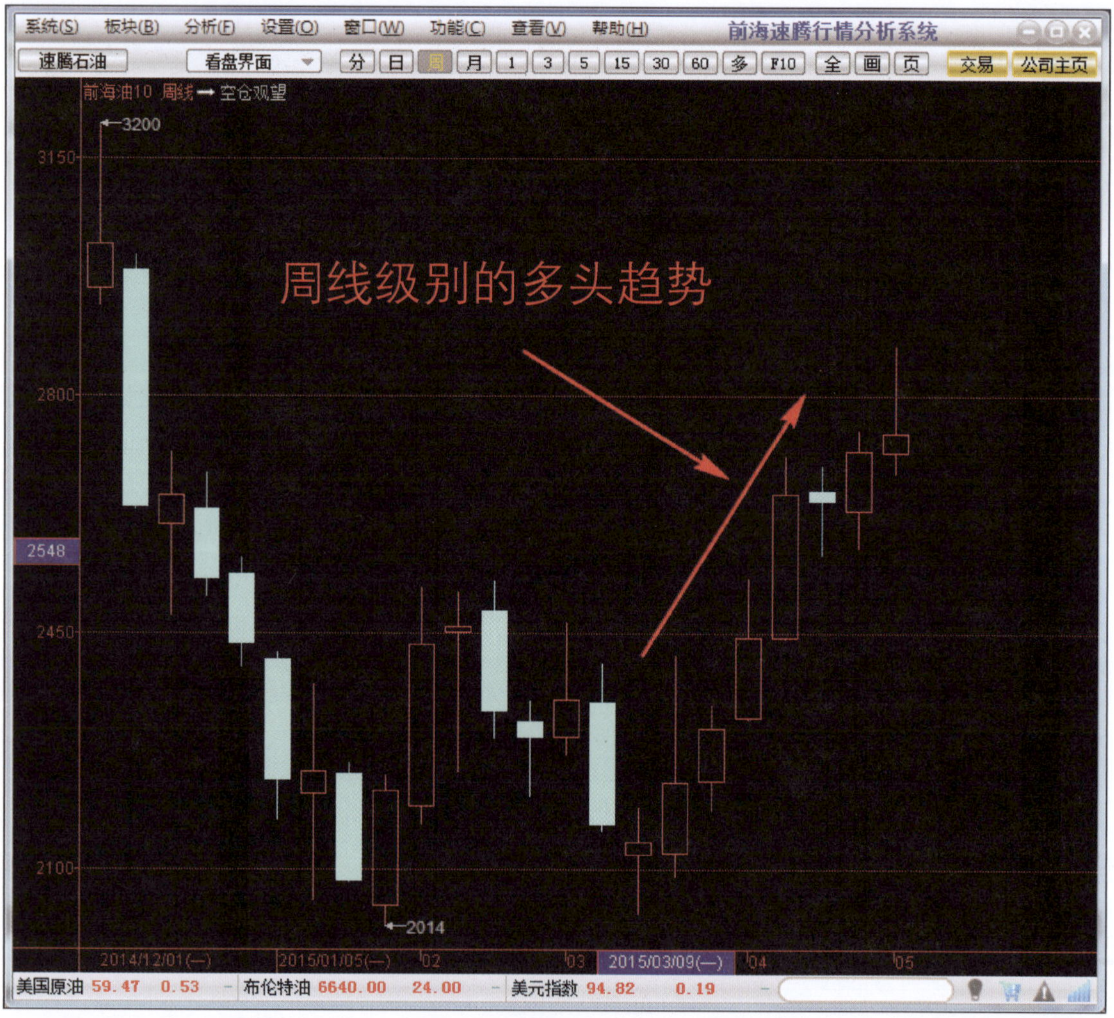

图例 016

相关说明：

（1）周线级别的同步蜡烛线属于中线级别的分析和做盘思路，也适合波段操作。

（2）解读原理和日线周期的同步大致相同，但是更注重中级趋势的分析。

（3）运用周线级别同步原理来分析，可以更加清晰的看明白运行趋势。

（4）同时过滤掉一些日间杂波的影响，牢牢地把握行情主要趋势。

（5）比较适合于大型资金做盘，但不适合小资金做超短线。

（6）周线级别的同步有各种类型，和日线级别相对应。

三、月线级别的多头市场

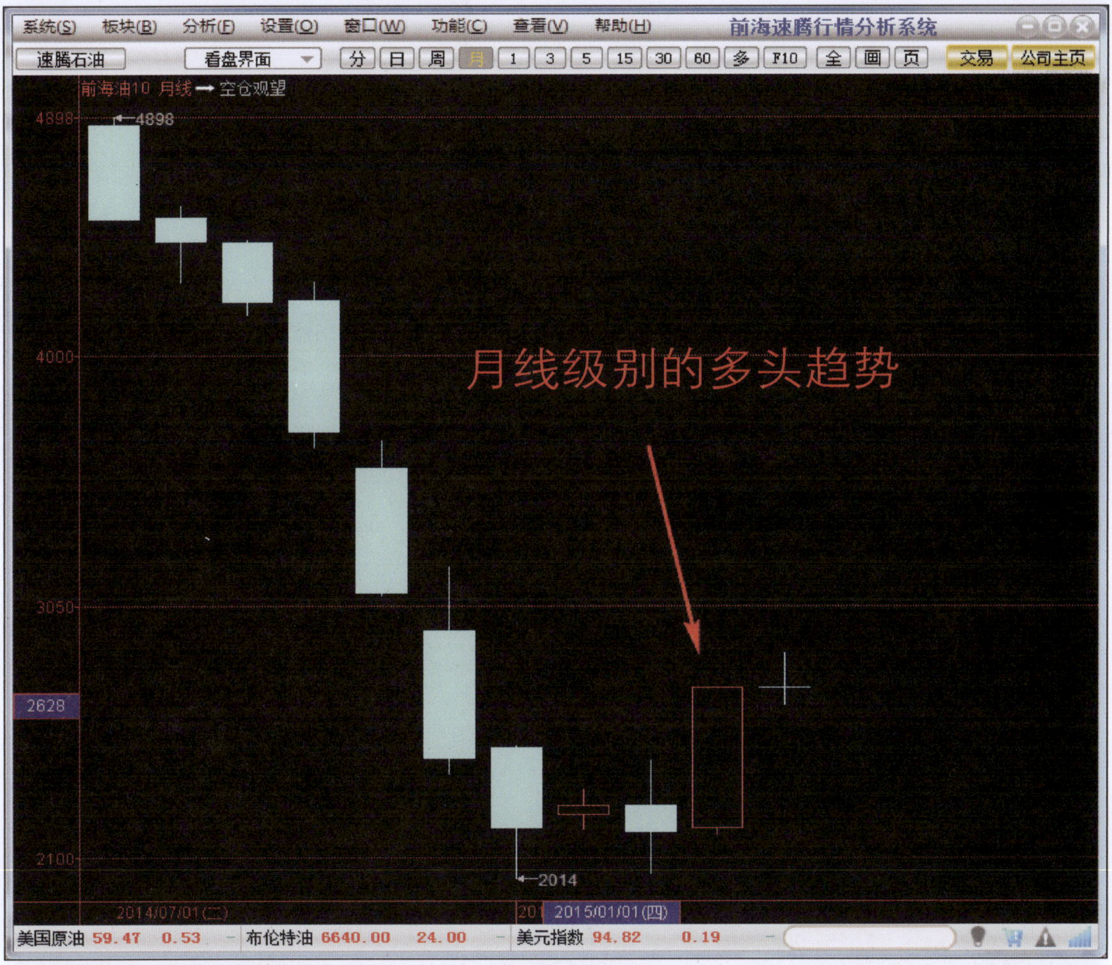

图例 017

相关说明：

（1）月线级别的同步属于大级别、大趋势的分析。

（2）适合于各类型大资金做盘，也适合于对大趋势的解读。

（3）月线级别的蜡烛线出现高低点同步上移，说明多头处于疯狂中。

（4）实体部分大小可以兼顾各种类型，由小到大属于最佳。

（5）月线级别下出现同步上移，属于难得一见的大级别多头行情。

（6）这时候，可以逢低反复做多，或者设定止损位之后飘单即可。

第二节 选择多单的技巧

一、分钟图下单技巧

1. 1分钟框架下单技巧

图例 018

相关说明：

（1）1 分钟框架下的多头行情适用于极端超短炒单，因此，把握起来难度大。

（2）此处做多的核心原则是形态下单法，即除非出现典型的下单图形，否则观望。

（3）图例 018 中 A 处属于典型的快速急跌后 V 型反转形态，此处可以做多。

（4）图例 018 中 B 处属于典型的快速急跌破近低后再创新低，此处可以做多。

（5）图例 018 中 C 处属于典型的突破蓄势形态，此处回抽确认后可以做多。

（6）图例 018 中 D 处属于典型的快速急跌后 V 型反转形态，此处可以做多。

2. 3 分钟框架下单技巧

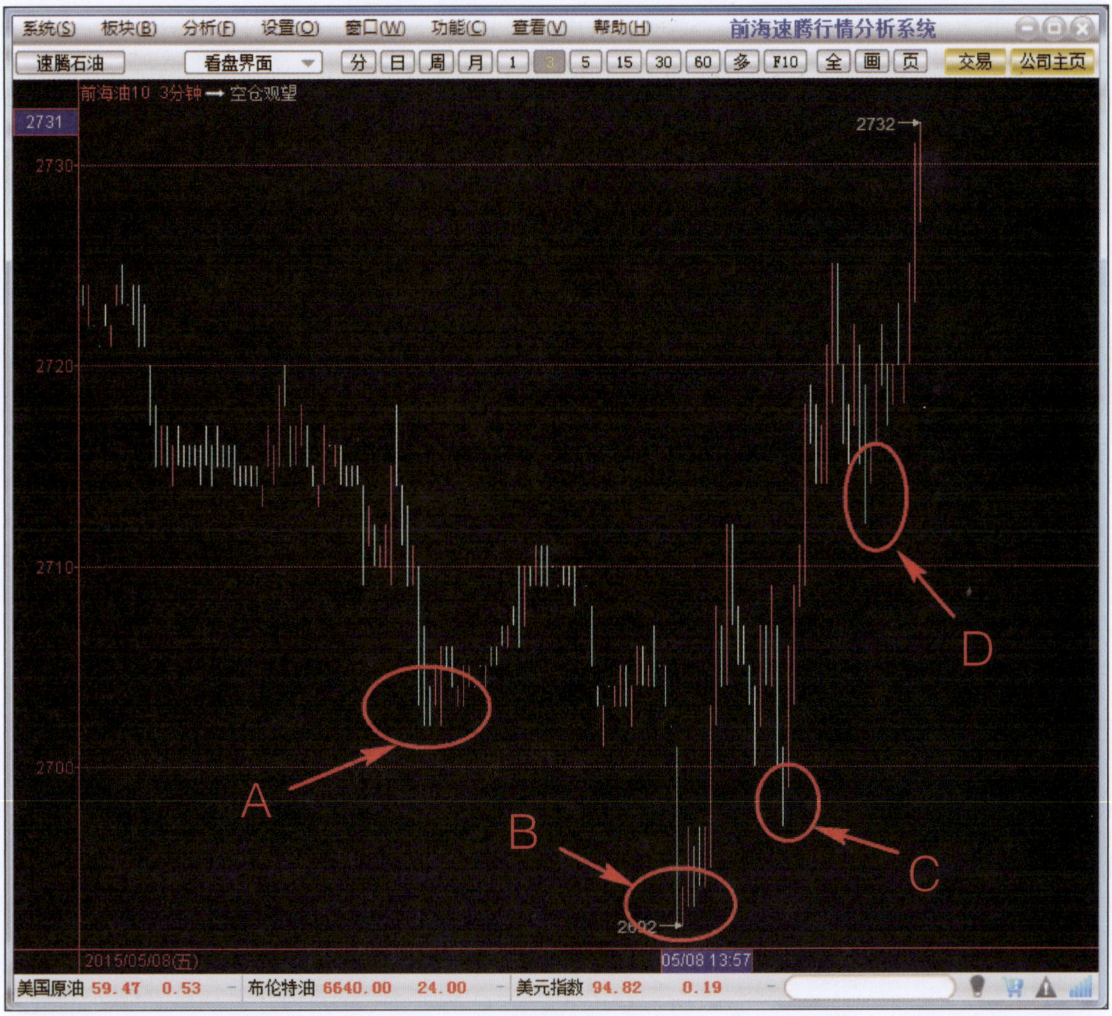

图例 019

相关说明：

（1）3分钟框架下的多头行情适用于极端超短炒单，因此，把握起来难度大。

（2）此处做多的核心原则是长阴急跌下单法，即除非出现长阴急跌图形，否则观望。

（3）图例019中A处属于典型的长阴急跌后反转形态，此处可以谨慎做多。

（4）图例019中B处属于典型的长阴急跌后再创新低，此处可以谨慎做多。

（5）图例019中C处属于典型的长阴急跌后再创新低，此处可以新低后做多。

（6）图例019中D处属于典型的长阴急跌后V型反转形态，此处可以谨慎做多。

3. 5分钟框架下单技巧

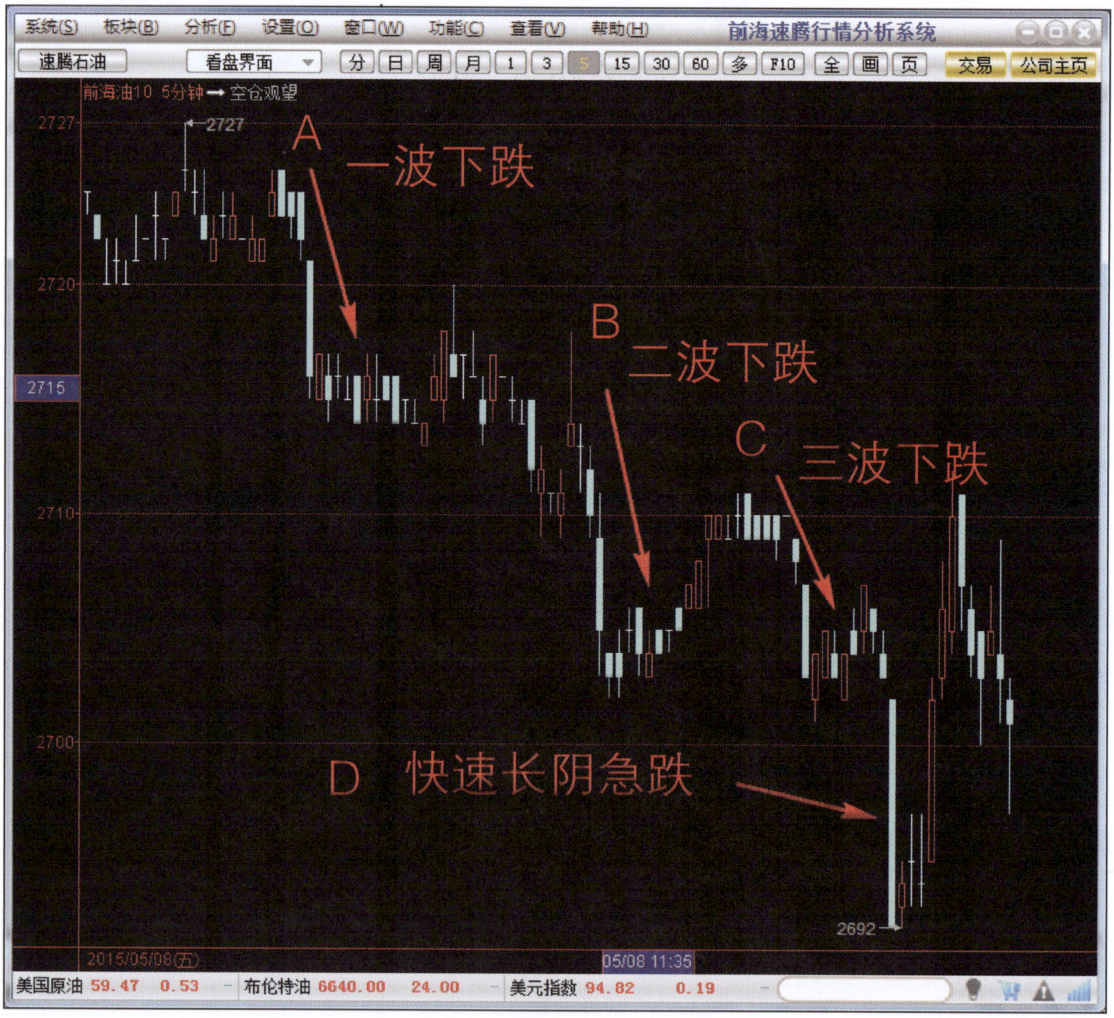

图例020

相关说明：

（1）5分钟框架下的多头行情适用于极端超短炒单，因此，把握起来难度大。

（2）此处做多的核心原则是三波长阴急跌下单法，出现长阴急跌图形做多胜算大。

（3）图例020中A处属于阶段性第一波下跌，此处可以谨慎观望，暂不宜做多。

（4）图例020中B处属于阶段性第二波下跌再创新低，此处可以谨慎观望不做多。

（5）图例020中C处属于阶段性第三波下跌再创新低，此处可以等待新低后做多。

（6）图例020中D处属于典型的长阴快速急跌后出现反转形态，此处可以谨慎做多。

4. 15分钟框架下单技巧

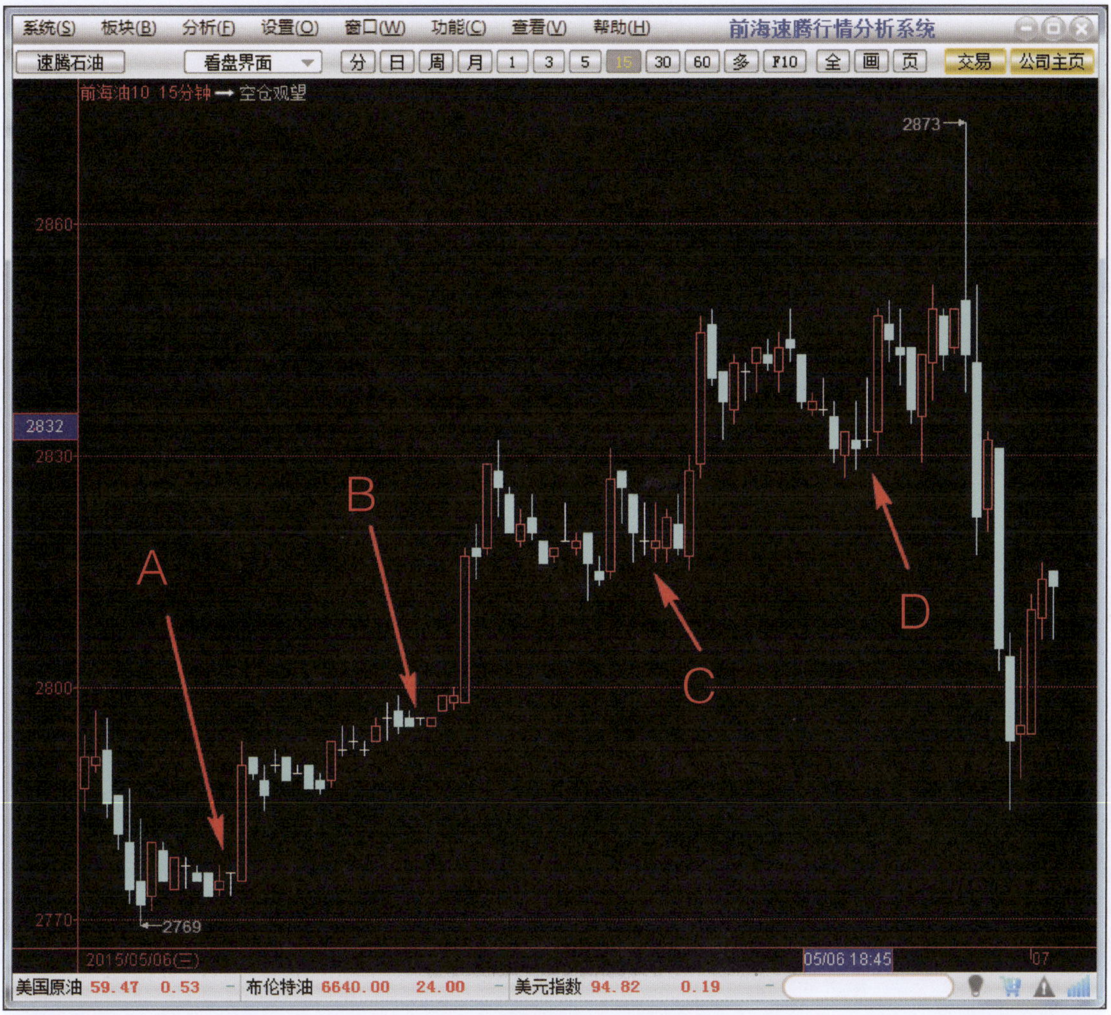

图例021

相关说明：

（1）15 分钟框架下的多头行情适用于短炒做单，因此，把握起来难度比较大。

（2）此处做多的核心原则是蓄势后星线下单法，出现星线图形的时候做多胜算大。

（3）图例 021 中 A 处属于阶段性第一次出星线，此处可以谨慎做多，胜算比较大。

（4）图例 021 中 B 处属于阶段性第二次出星线，此处可以谨慎做多，胜算也很大。

（5）图例 021 中 C 处属于阶段性第三次出星线，此处可以谨慎做多，获利机会多。

（6）图例 021 中 D 处属于阶段性第四次出星线，此处可以谨慎做多，获利机会一般。

5. 30 分钟框架下单技巧

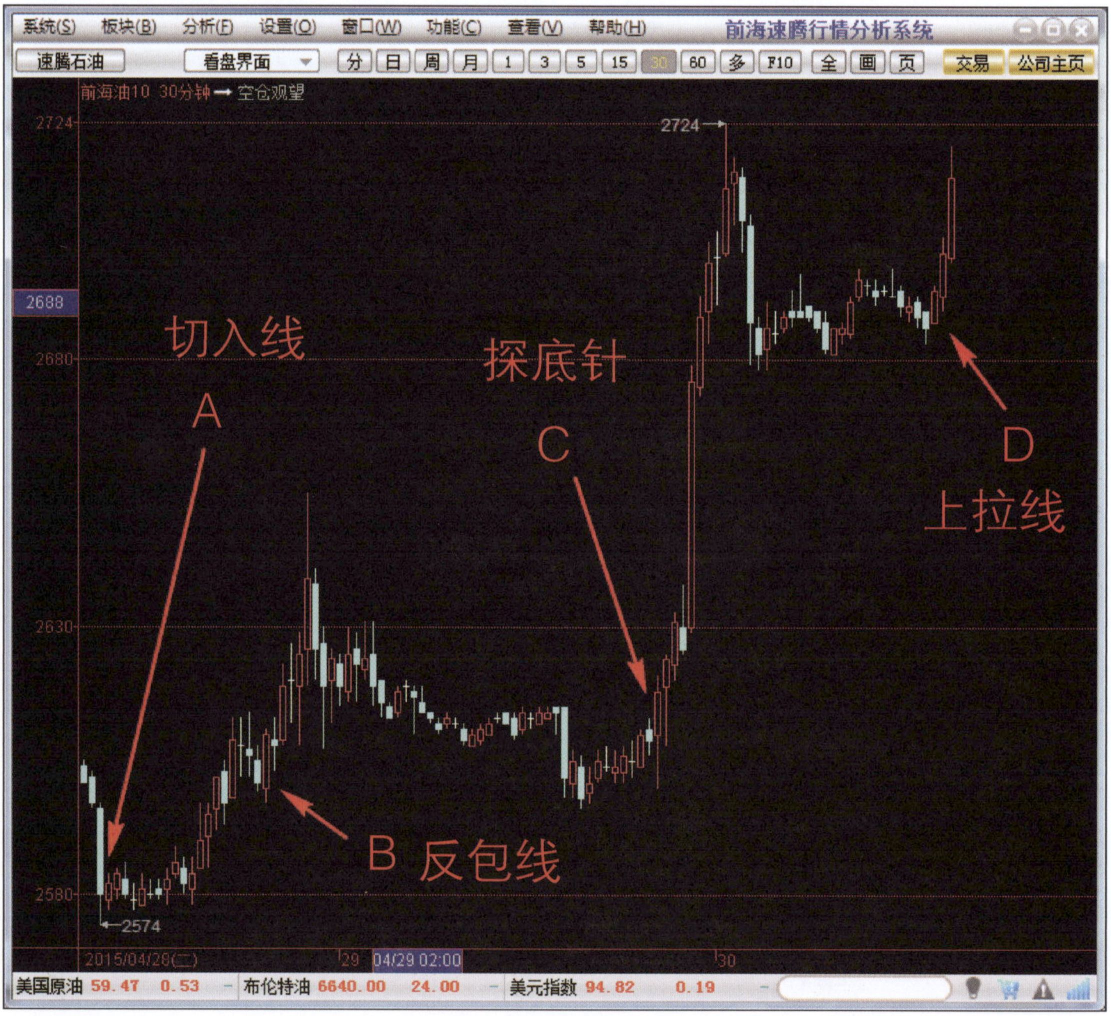

图例 022

相关说明：

（1）30 分钟框架下的多头行情适用于短炒做单，因此，把握起来难度比较大。

（2）此处做多的核心原则是小周期反转下单法，出现反转图形的时候做多胜算大。

（3）图例 022 中 A 处属于低位小周期切入线，此处可以谨慎做多，胜算比较大。

（4）图例 022 中 B 处属于相对低位小周期反包线，此处可以谨慎做多，胜算也很大。

（5）图例 022 中 C 处属于相对低位小周期探底针，此处可以谨慎做多，获利机会多。

（6）图例 022 中 D 处属于相对高位小周期上拉线，此处可以谨慎做多，获利机会一般。

6. 60 分钟框架下单技巧

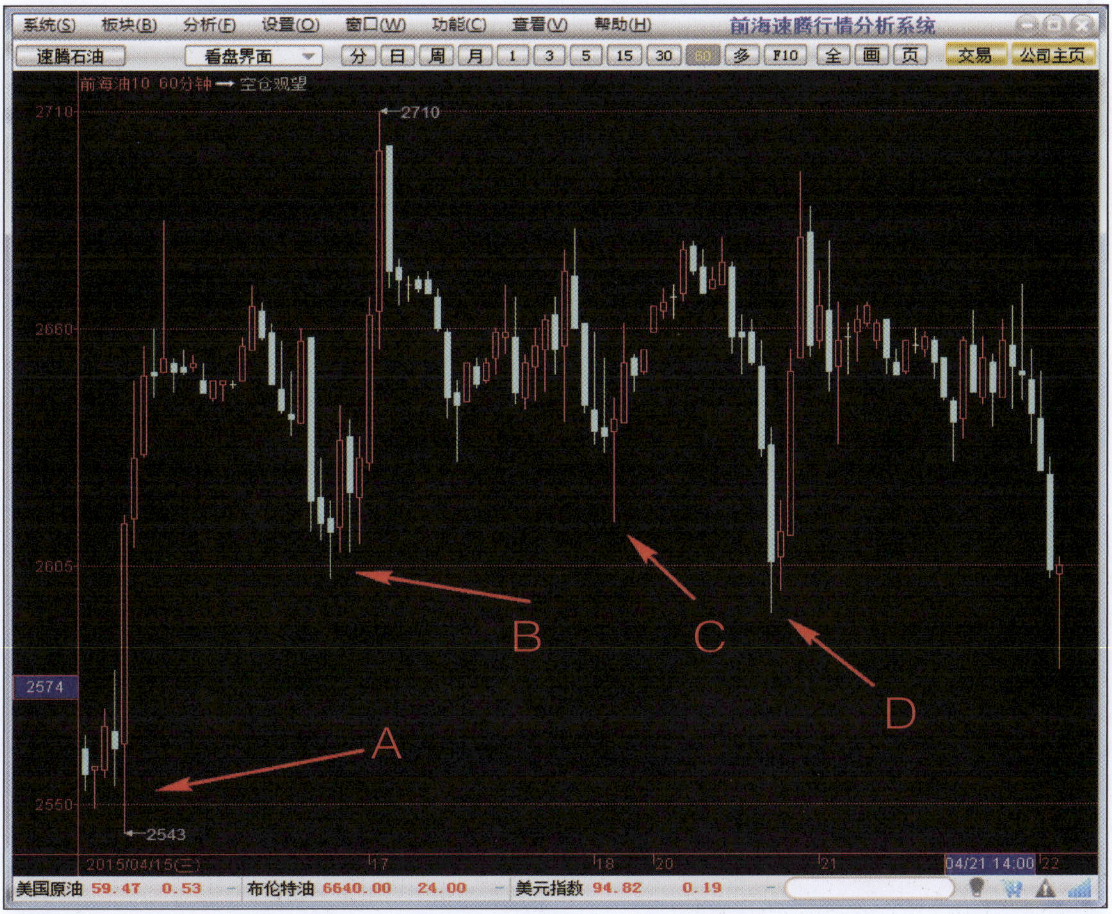

图例 023

相关说明：

（1）60分钟框架下的多头行情适用于短炒做单，因此，把握起来难度比较大。

（2）此处做多的核心原则是小周期新低长下影下单法，出现这图形时做多胜算大。

（3）图例023中A处属于低位小周期长下影线，此处可以谨慎做多，胜算比较大。

（4）图例023中B处属于相对低位小周期长下影线，此处可以谨慎做多，胜算也很大。

（5）图例023中C处属于相对低位小周期长下影线，此处可以谨慎做多，获利机会多。

（6）图例023中D处属于相对低位小周期长下影线，此处可以谨慎做多，有获利机会。

7. 多分钟框架下单技巧

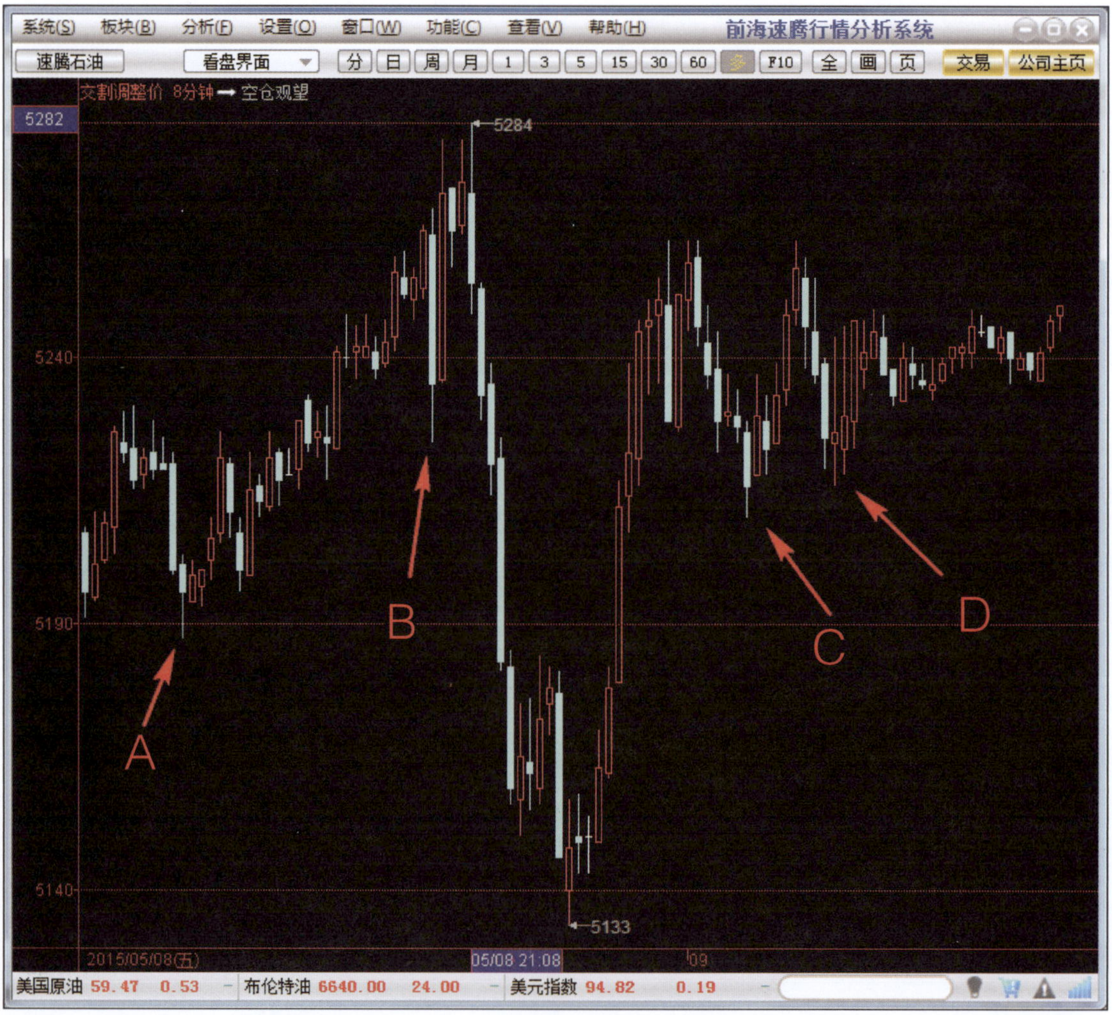

图例024

相关说明：

(1) 多分钟框架下的多头行情适用于短炒做单，可以参照60分钟下单法操作。

(2) 此处做多的核心原则是小周期新低长下影下单法，出现这图形时做多胜算大。

(3) 图例024中A处属于低位小周期长下影线，此处可以谨慎做多，胜算比较大。

(4) 图例024中B处属于相对低位小周期长下影线，此处可以谨慎做多，胜算也很大。

(5) 图例024中C处属于相对低位小周期长下影线，此处可以谨慎做多，获利机会多。

(6) 图例024中D处属于相对低位小周期长下影线，此处可以谨慎做多，有获利机会。

二、分时图下单技巧

1. 分时图长波急跌下单方法

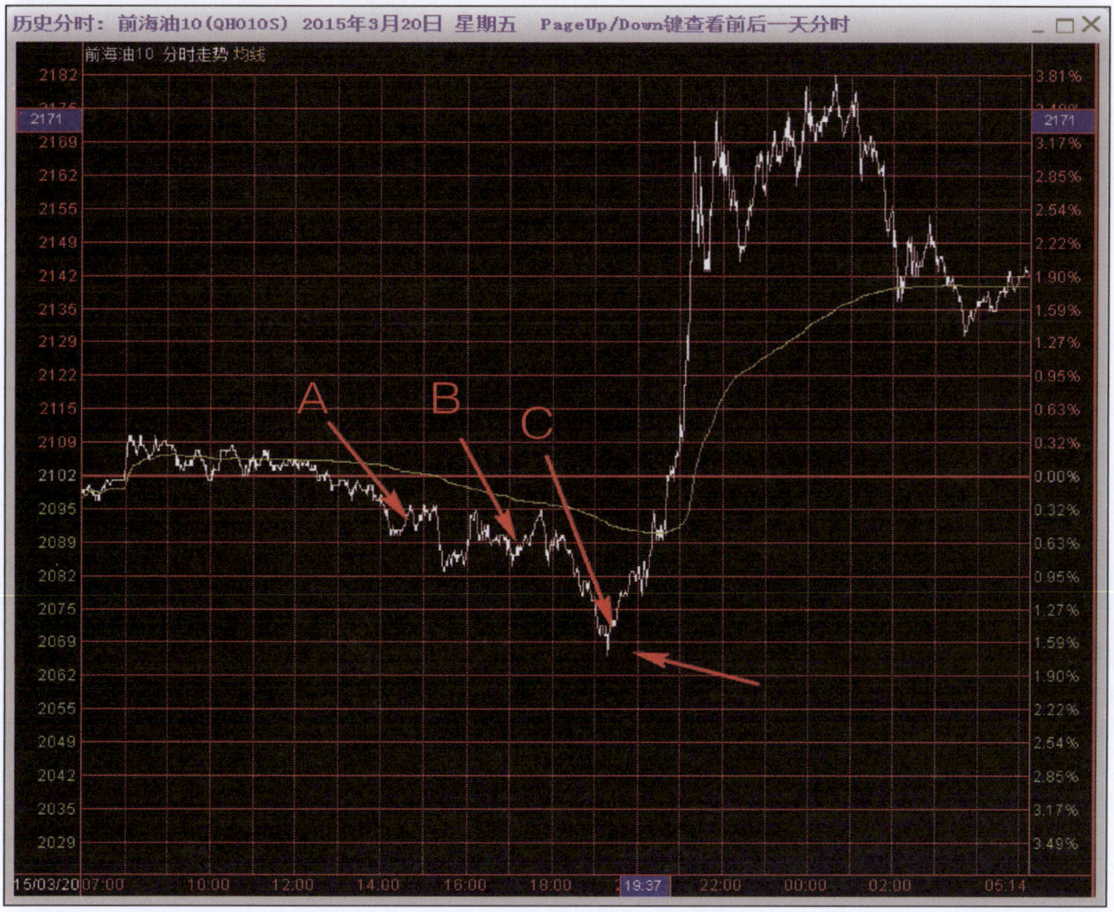

图例025

相关说明：

（1）原油炒单的时候，可以采用分时图精准下单的方式来处理。如果条件允许，也可以选择闪电图或者 5 秒钟走势图来下单，总而言之，观察分析的时间跨度比较短。

（2）分时图下单做多的方法很多，可以用分时形态来下单，如分时图尖刀底、分时图双底、分时图头肩底、分时图多重底等等；也可以用分时图三波急跌买入法，分时图单波长波快速急跌买入法，分时图多波急跌新低买入法等等。

（3）如图例 025 所示，图上 A 处属于缓慢下跌，跌幅小，跌速慢，不宜做多。

（4）如图例 025 所示，图上 B 处跌幅加大，跌速加快，但是波长不够，不宜做多。

（5）而图上 C 处跌幅大了很多，跌速加快，波长也很长，具备了做多条件。

（6）因此，炒单者可以在出现长波急跌的末端，重仓做多搏短，快速获取暴利。

图例 026

相关说明：

（1）如图例 026 所示，图上圆圈处，就是典型的三波急跌之后出现的尖刀底。

（2）观察图形可以发现，在形成尖刀底之前，有明显的预热过程。

（3）首先是长波急拉，然后缓慢地爬升，直至高位，腾出足够做空区间。

（4）接着是续续下跌的回头波，这时候价格波动空间不大，难以做单。

（5）随后三个长波急跌，以迅雷不及掩耳之势，将多单赶尽杀绝。

（6）然后是尖刀底。再次以迅雷不及掩耳之势，将空单赶尽杀绝。

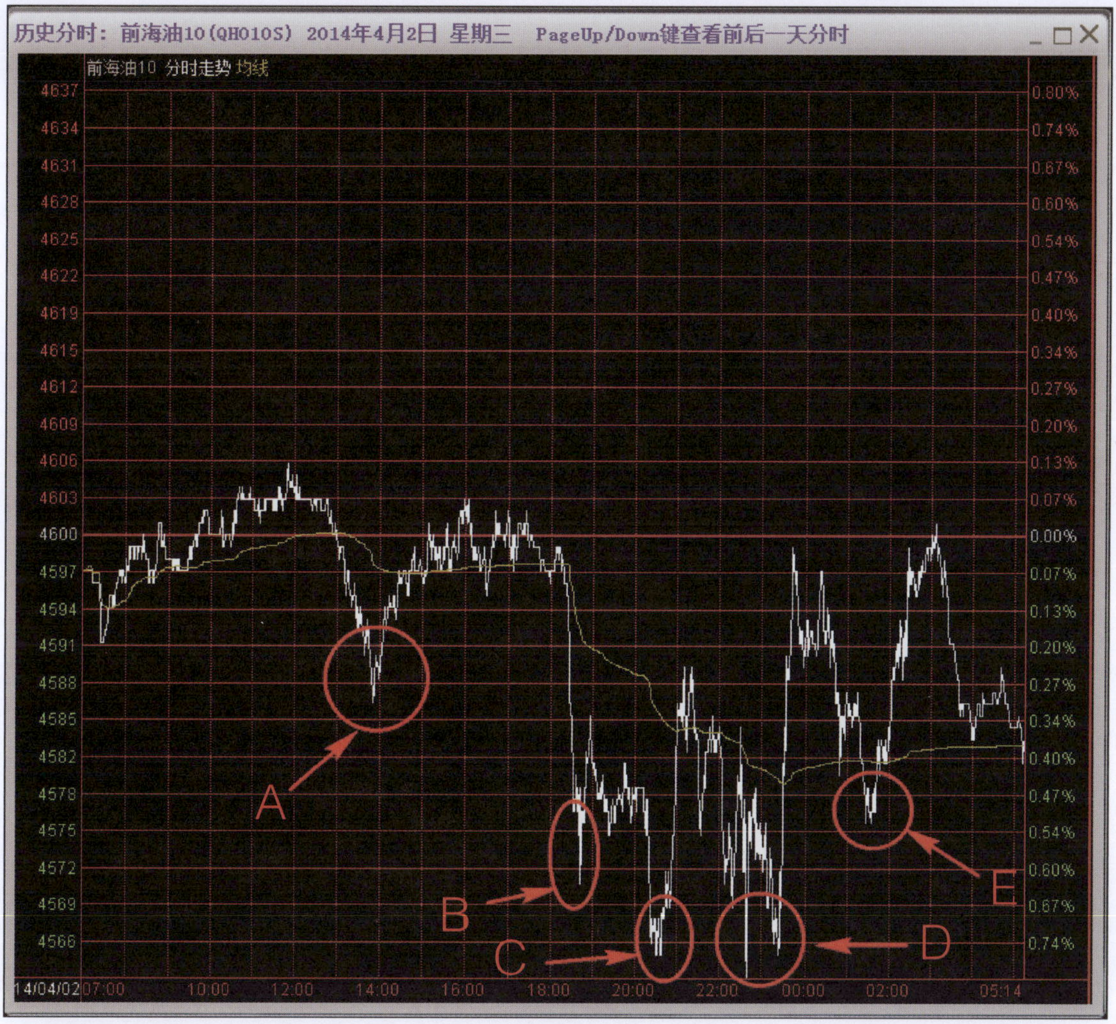

图例 027

相关说明：

（1）如图例 027 所示，这是典型的急涨急跌、上蹿下跳的分时走势。

（2）图上 A 处跌出了尖刀底，急跌之后出现 V 形快速反转，抢进。

（3）图上 B 处虽然跌出了尖刀底，但属于第一波长波急跌，观望为宜。手快可以抢进多单，待反抽到长波杀跌的 1/2 处清仓出局。

（4）图上 C 处是明显的尖刀底，并且第二波杀跌的力度在明显减弱，应积极做多。

（5）图上 D 处是非常明显的双尖刀底，第二个尖刀底形成的过程中下跌的力度在减弱，应积极做多。

（6）图上 E 处在跌穿均价线后迅速形成尖刀底并且回到均价线之上，在均价线上形成反支撑，应看多并做多。

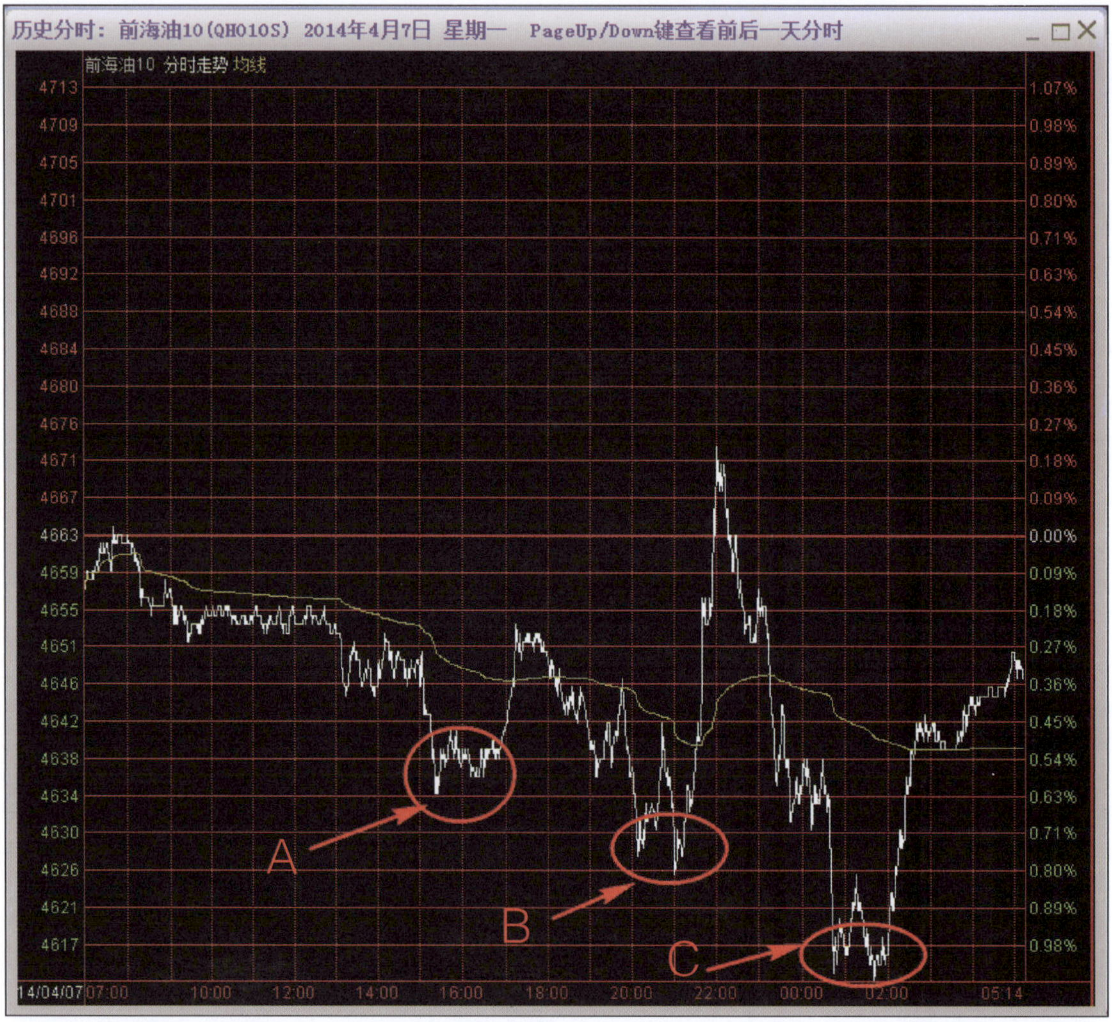

图例 028

相关说明：

（1）如图例 028 所示，这是典型的急涨急跌、上蹿下跳的分时走势。

（2）观察图形可以发现，在形成尖刀底之前，有明显的预热过程。

（3）图上 A 处形成尖刀底后有明显的蓄势过程，在不创新低时，应积极看多做多。

（4）图上 B 处形成尖刀双底，并且是在二波杀跌后形成尖刀底，空翻多比较明显，应积极看多做多。

（5）图上 C 处也形成了尖刀双底，是在三波回头波后形成的尖刀底，并且分时图均价线产生了明显的背离，应积极看多做多。

（6）因此，炒单者可以在出现三波回头波形成尖刀底时，重仓做多博短，快速获取暴利。

图例 029

相关说明：

（1）如图例 029 所示，这是典型的由空翻多的分时走势。

(2) 观察图形可以发现，在形成尖刀底时的力度都很强，是比较明显的做多信号。

(3) 图上A处在急跌之后分时图均价线又产生了明显背离最终形成尖刀底，空翻多明显，随后应保持做多观点，找准时机参与多单。

(4) 图上B处在均价线之上产生尖刀底，是多头强势的信号，应保持做多观点，积极介入多单。

(5) 图上C处在长波杀跌后形成尖刀底，在均价线附近蓄势，应保持做多观点，积极介入多单。

(6) 因此，炒单者可以在出现由空翻多信号时保持看多观点并积极做多。

图例 030

相关说明：

（1）如图例 030 所示，这是典型的急跌之后反弹的走势。

（2）首先是形成头肩顶后盘跌转为急跌，长波杀跌空头量能得到释放。

（3）接着急跌后反抽形成尖刀底，在接下来的下探中不再创新低形成了 V 型反转。

（4）随后开始反弹，在分时图均价线明显背离后反弹到均价线附近。

（5）然后受均价线的反阻尾盘在均价线附近整理，此时可止盈多单空仓观望。

（6）这种典型急跌之后的反弹走势，在急跌形成尖刀底尤其是又形成双底时，应积极看多做多，在急拉或者均价线受阻时止盈出局。

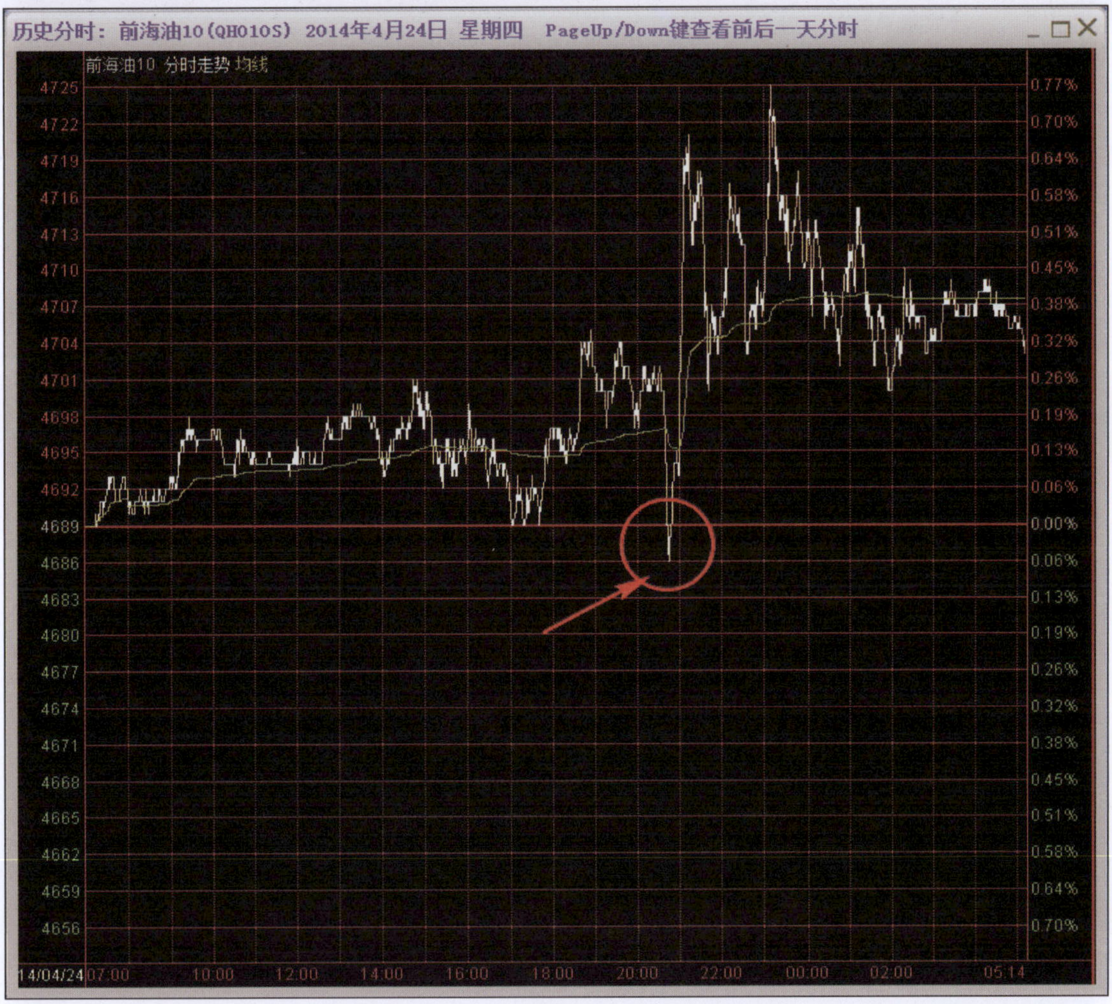

图例 031

相关说明：

（1）如图例 031 所示，这是典型急跌诱空后空翻多的走势。

（2）首先是在均价线之上蕴量变盘，分时图高点也在不断下移。

（3）接着直线下跌快速揭穿均价线造成变盘向下突破的走势。

（4）随后立马止跌形成力度非常强的尖刀底完成诱空动作。

（5）然后直线拉升，回头波下跌但在均价线附近获得支撑再次拉起，杀尽空头。

（6）这种典型急跌诱空后空翻多的走势，在急跌后立马形成尖刀底时，应积极看多做多，在急拉或者均价线受阻时止盈出局。

图例 032

相关说明：

（1）如图例 032 所示，这是典型三波杀跌后由空翻多的走势。

（2）首先在均价线之下弱势盘整，随后开始三波杀跌，并且一波比一波长。

(3) 接着在第三波长波杀跌后企稳，此时可潜伏多单底仓。

(4) 图上 A 处在形成尖刀底时有蓄势动作，随后快速直线拉起。

(5) 图上 B 处在急跌跌穿均价线后立马形成尖刀底再次直线拉升到均价线之上，是力度非常强的空翻多走势。

(6) 这种典型三波杀跌后由空翻多的走势，在急跌后蓄势或立马形成尖刀底时，应积极看多做多，在急拉或者均价线受阻时止盈出局。

图例 033

相关说明：

(1) 如图例 033 所示，这是典型的三波杀跌后反弹的走势。

(2) 首先在远离分时图均价线后进行磨顶，分时图高低点不断下移，形成盘跌的走势。

（3）接着开始转势，直线跌穿均价线，反抽过程中受前面颈线的反阻。

（4）随后开始快速下跌，再次直线跌穿均价线，明显的三波杀跌，并且一波比一波杀跌的力度弱。

（5）然后最后一波力度在减弱并且远离分时图均价线，在杀跌后立马形成尖刀底时可快速抢进多单。

（6）这种典型的三波杀跌后反弹的走势，在急跌力度减弱并远离分时图均价线形成尖刀底时，应积极看多做多，在急拉或者均价线受阻时止盈出局，这种反弹走势要快速进出，不可贪婪。

图例 034

相关说明：

（1）如图例 034 所示，这是典型的长波杀跌后力度非常强的反转走势。

（2）首先在分时图均价线之上形成头肩顶，盘跌跌穿均价线，在反抽过程中受均价线反阻。

（3）接着开始长波直线杀跌，快速下跌使空头量能得到彻底释放。

（4）随后蓄势形成尖刀底，并快速拉升到均价线之上，当天形成力度非常强的大 V 型反转。

（5）然后出现回头波后在均价线上获得反支撑再次拉升，甚至尾盘出现直线飙涨。

（6）这种典型长波杀跌后力度非常强的反转走势，在急跌形成尖刀底并形成力度非常强的大 V 型后，应坚决看多做多，在急拉或者分时图高低点不断下移时止盈出局。

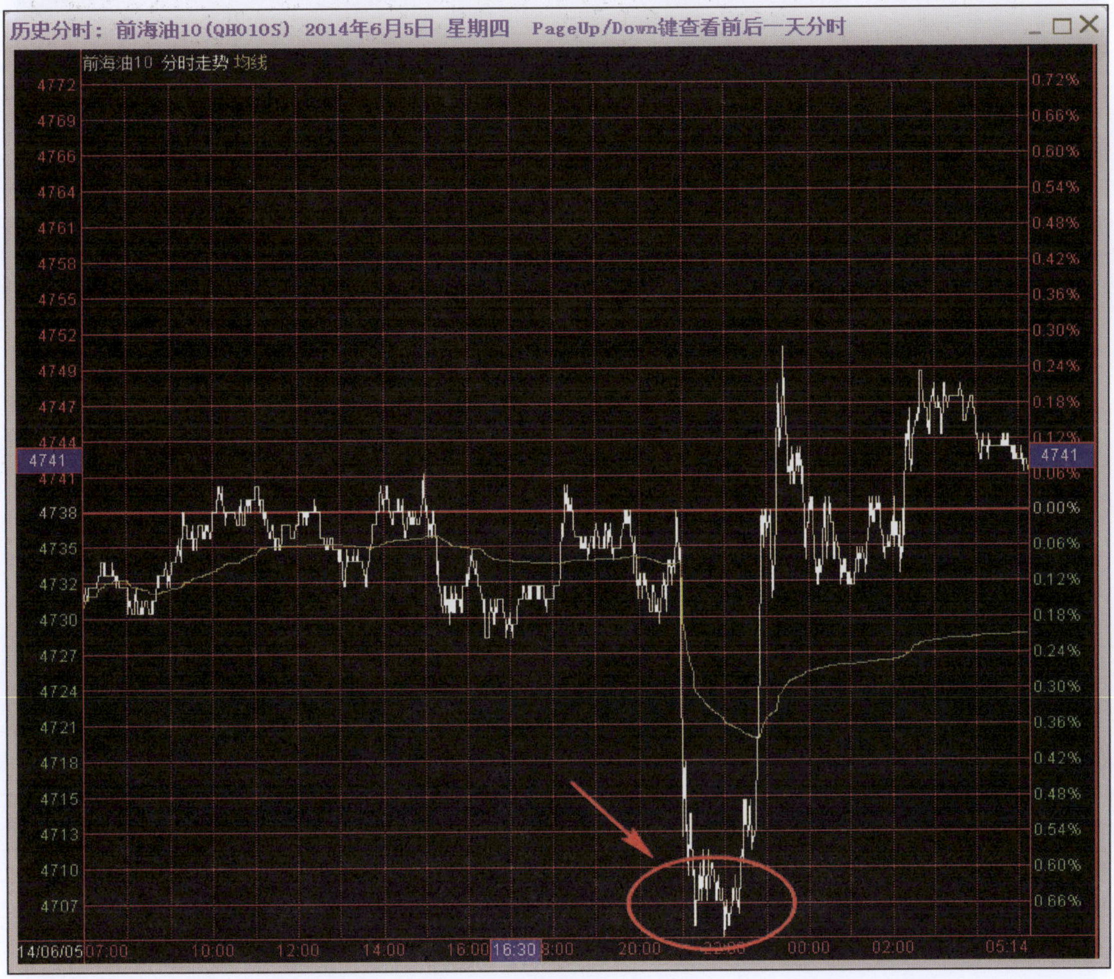

图例 035

相关说明：

（1）如图例035所示，这是典型的长波杀跌后力度非常强的空翻多走势。

（2）首先在均价线附近震荡蕴量变盘，在变盘前没有进行诱多或诱空。

（3）接着直线跌穿均价线，开始长波直线杀跌，快速下跌使空头量能得到彻底释放。

（4）随后开始止跌并远离分时图均价线，这是蓄势由空翻多的阶段。

（5）然后形成尖刀底，以迅雷不及掩耳之势快速直线拉起完成空翻多，将空头杀尽。

（6）这种典型的长波杀跌后力度非常强的空翻多走势，在急跌后止跌蓄势形成尖刀底时，应坚决看多做多，在急拉或者分时图高低点不断下移时止盈出局。

2. 分时图蓄势不创新低下单法

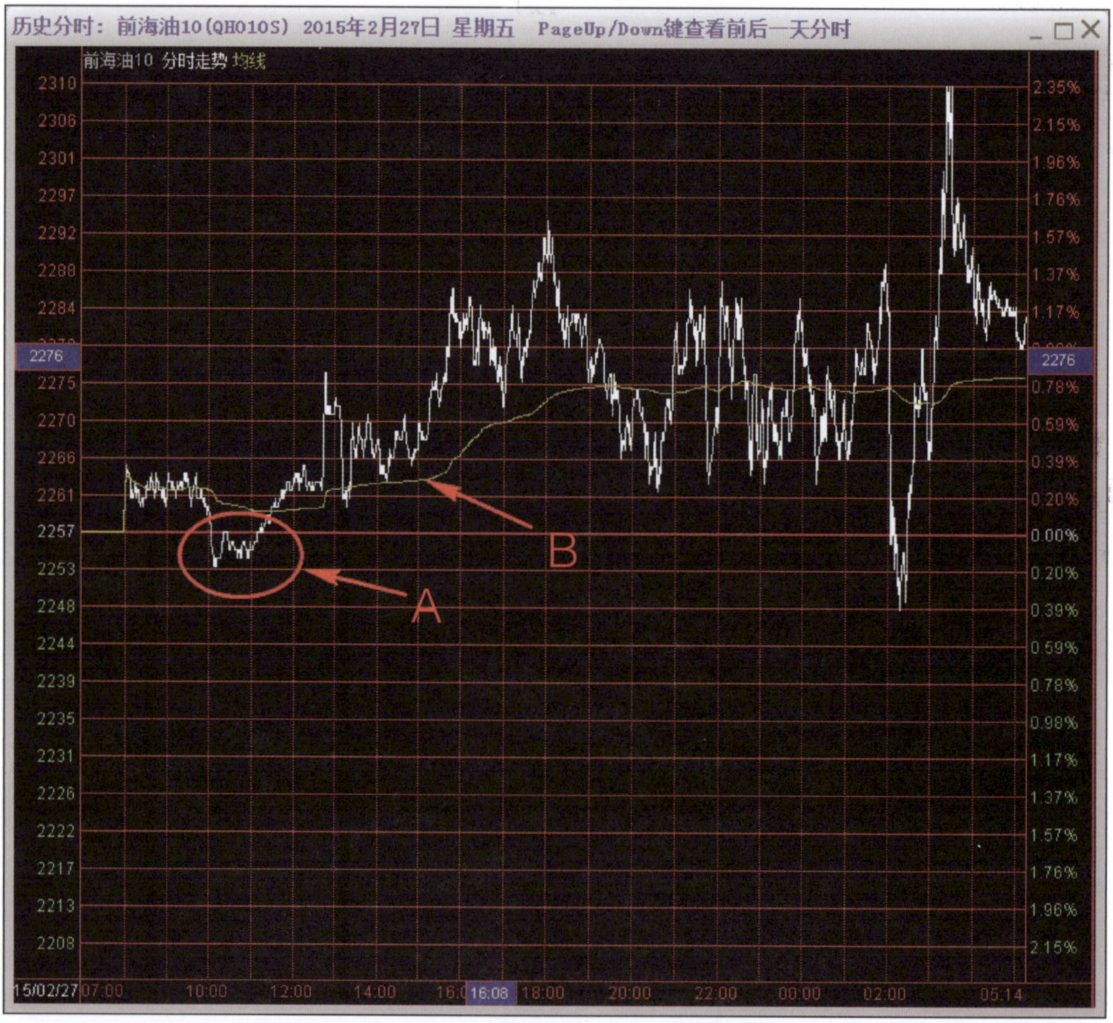

图例 036

相关说明：

（1）分时图上蓄势，是指在均价线之上或者在均价线之下出现平行走势，持续时间或长或短，蓄势阶段，价格比较平稳，或者略有提升，始终不再创出新低。

（2）如图例 036 所示，图上 A 处属于均价线之下蓄势，价格不再创新低。这时候可以考虑做多。图上 B 处则属于均价线之上蓄势，价格不再创新低，也可以考虑做多。

（3）这两种分时图下单方法，属于最常见的炒单方法，使用时注意低点的位移情况。

（4）如果在随后出现宽幅震荡走势，则不宜再使用这一下单方法。

（5）如果宽幅震荡之后出现快速长波急跌，跌幅巨大，则可以反手做多。

（6）这是典型的急跌反弹做多手法，也是最常用的炒单手法之一。

图例 037

相关说明：

（1）分时图上蓄势，是指在均价线之上或者在均价线之下出现平行走势，持续时间或长或短，蓄势阶段，价格比较平稳，或者略有提升，始终不再创出新低。

（2）如图例 037 所示，图上 A 处属于均价线之下蓄势，价格不再创新低。这时候可以考虑做多。

（3）这种分时图下单方法，属于最常见的炒单方法，使用时注意低点的位移情况。

（4）如果在随后出现宽幅震荡走势，则不宜再使用这一下单方法。

（5）如果宽幅震荡之后出现快速长波急跌，跌幅巨大，则可以反手做多。

（6）这是典型的急跌反弹做多手法，也是最常用的炒单手法之一。

图例 038

相关说明：

（1）如图例 038 所示，这是典型的杀跌后不创新低反弹的走势。

（2）首先在均价线之下弱势震荡蕴量变盘，在变盘前没有进行诱多或诱空。

（3）接着开始一路阴跌，在阴跌过程中分时图高低点不断下移。

（4）随后开始止跌并远离分时图均价线，这是蓄势反弹阶段。

（5）然后分时图低点不断上移，不再创新低，再次快速直线拉起，开始反弹

（6）这种典型的杀跌后不创新低反弹的走势，在急跌后止跌蓄势，分时图不再创新低时，应积极看多做多，在急拉或者分时图高低点不断下移时止盈出局。

图例 039

相关说明：

（1）如图例 039 所示，这是典型的长波杀跌后分时图不创新低由空翻多的走势。

（2）首先在均价线之下弱势震荡蕴量变盘，在变盘前没有进行诱多或诱空。

（3）接着收均价线反阻盘跌，盘跌后开始转急跌开始长波直线杀跌，快速下跌使空头量能得到彻底释放。

（4）随后开始止跌并远离分时图均价线，这是蓄势由空翻多的阶段。

（5）然后分时图低点不断上移，不再创新低，以迅雷不及掩耳之势快速直线拉起完成空翻多，将空头杀尽。

（6）这种典型的长波杀跌后分时图不创新低由空翻多的走势，在急跌后止跌蓄势分时图不再创新低时，应坚决看多做多，在急拉或者分时图高低点不断下移时止盈出局。

图例 040

相关说明：

（1）如图例 040 所示，这是典型的三波杀跌后分时图不创新低由空翻多的走势。

（2）首先在均价线附近震荡蕴量变盘，在变盘前没有进行诱多或诱空。

（3）接着直线跌穿均价线，开始分三波杀跌，并且一波比一波杀跌的力度强。

（4）随后开始止跌并远离分时图均价线，这是蓄势由空翻多的阶段。

（5）然后分时图低点不断上移，不再创新低，以迅雷不及掩耳之势快速直线拉起完成空翻多，将空头杀尽。

（6）这种典型的三波杀跌后分时图不创新低由空翻多的走势，在三波杀跌后止跌蓄势分时图不再创新低时，应坚决看多做多，在急拉或者分时图高低点不断下移时止盈出局。

图例 041

相关说明：

（1）如图例 041 所示，这是典型的分时图均价线之上不创新低多头强势的走势。

（2）首先开盘杀跌后在均价线附近震荡蕴量变盘，在变盘前没有进行诱多或诱空。

（3）图上 A 处不再跌穿均价线，并且一碰触均价线立马拉起。

（4）图上 B 处同样不再跌穿均价线，在均价线之上形成尖刀底，并且 B 处低点高于 A 处低点。

（5）图上 C 处同样也不再跌穿均价线，在均价线之上直线拉起形成大 V 型反转，并且 C 处低点高于 B 处低点。

（6）这种典型的分时图均价线之上不创新低多头强势的走势，在均价线之上低点一个比一个高，在不再创新低时，应坚决看多做多，在急拉或者分时图高低点不断下移时止盈出局。

3. 宽幅震荡长波急跌尖刀底下单法

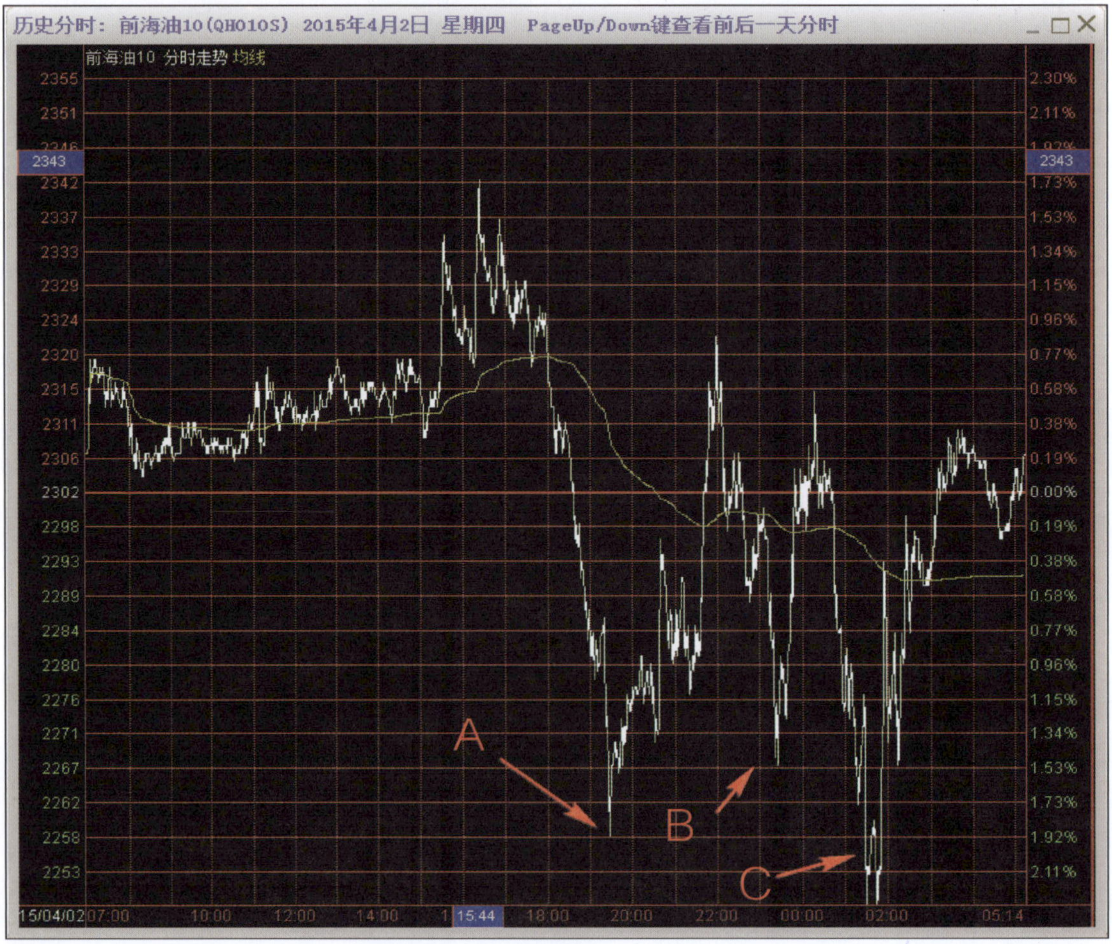

图例 042

相关说明：

（1）所谓宽幅震荡，就是指价格波动的区间比较大，期间出现长波杀跌，反复多次。

（2）这是原油常见的分时走势，长波急跌之后见底，此时是很好的做多机会。

（3）如图例 042 所示，图上 A 处是典型的长波急跌之后出现尖刀底，可以做多。

（4）如图例 042 所示，图上 B 处是典型的长波急跌之后再次出现尖刀底，可以做多。

（5）如图例 042 所示，图上 C 处是典型的长波急跌之后出现双尖刀底，可以做多。

（6）原油类似的分时图经常可以看到，凡是长波快速急跌后出现尖刀底，均可做多。

图例 043

相关说明：

（1）如图例 043 所示，这是典型的宽幅长波急跌形成尖刀底由空翻多的走势。

（2）首先在分时图均价线之上盘头，分时图高低点不断下移。

（3）接着出现急跌，宽幅的长波杀跌，下跌幅度达 1 个点并且是直线下跌，下跌幅度之猛气势之凶，势要杀尽多头。

（4）随后在长波杀跌后立马快速拉升，拉升幅度达 0.5 个点，并拉升到均价线附近形成力度非常强的尖刀底。

（5）然后在均价线之下稍微蓄势后再次直线拉升到均价线之上直至突破前面高点不断创新高。

（6）这种典型的宽幅长波急跌形成尖底由空翻多的走势，凡是长波快速急跌后出现尖刀底，均可看多做多，在急拉或者分时图高低点不断下移时止盈出局。

图例 044

相关说明：

（1）如图例 044 所示，这是典型的长波杀跌后诱空走势。

（2）首先在分时图均价线附近来回宽幅震荡蓄势蕴量变盘。

（3）接着开始急拉但随后长波又快速跌下来形成尖顶回落，总体上构成头肩顶图形，走出看似要下跌的走势。

（4）随后形成了尖刀底后一路向上盘升，最终拉升到均价线之上在均价线之上构筑头肩顶的右肩。

（5）然后回踩均价线获得反支撑再次形成尖刀底，分时图头肩顶失败，完成诱空，接着直线快速急拉。

（6）这是典型的长波杀跌后诱空走势，凡是长波快速急跌后出现尖刀底，均可看多做多，在急拉或者分时图高低点不断下移时止盈出局。

图例 045

相关说明：

（1）如图例 045 所示，这是典型的急跌之后出现尖刀底宽幅震荡的走势。

（2）首先是在分时图均价线附近来回震荡蓄势蕴量变盘，接着直线拉起，但出现了双顶和回头波走势。

（3）随后直线跌穿分时图均价线，盘跌后转急跌，空头量能得到释放。

（4）图上 A 处是典型的长波急跌之后多次出现尖刀底，随后立马快速拉起。

（5）然后在前面高点附近出现尖顶回落，在均价线附近盘跌形成头肩顶，再次直线跳水。图上 B 处在急跌之后再次出现尖刀底，接着就快速拉起尾盘进入修整。

（6）这种典型急跌之后出现尖刀底宽幅震荡的走势，在快速急跌后出现尖刀底，均可看多做多，在急拉或者分时图高低点不断下移时止盈出局。

图例 046

相关说明：

（1）如图例 046 所示，这是典型的宽幅长波急涨急跌形成尖刀底多头上攻的走势。

（2）首先三波小幅下跌后开始止跌企稳，蓄势后向上突破，在均价线之上一路向上盘升。

（3）接着遇到早盘高点的反阻后开始直线下跌并跌穿均价线，但立马形成尖刀底快速拉起。

（4）随后价格与均价线产生明显背离后再次急跌，跌回到均价线附近，再次形成尖刀双底继续上攻。

（5）然后尖刀双底形成后快速向上急拉，多头高歌猛进一路创新高，直到出现回头波后开始回调。

（6）这种典型宽幅长波急涨急跌形成尖刀底多头上攻的走势，快速急跌后出现尖刀底，均可看多做多，在急拉或者分时图高低点不断下移时止盈出局。

图例 047

相关说明：

（1）如图例047所示，这是典型的急涨急跌、上蹿下跳的分时走势。

（2）图上A处跌出来尖刀底，急跌之后出现V形快速反转，抢进。

（3）图上B处跌出来尖刀底，然后进行了蓄势。手快可以抢进多单，待反抽到长波杀跌的1/2处或均价线受阻清仓出局。

（4）图上C处明显的尖刀底，并且第二次向下杀跌的力度在明显减弱，应积极做多。

（5）对于急涨急跌、上蹿下跳的这种尖刀底走势，炒单者要保持理性，千万不能贪婪，进场时一定要降低持仓成本，快进快出。

（6）这种典型的急涨急跌、上蹿下跳的分时走势，在急跌形成尖刀底时应看多并做多。

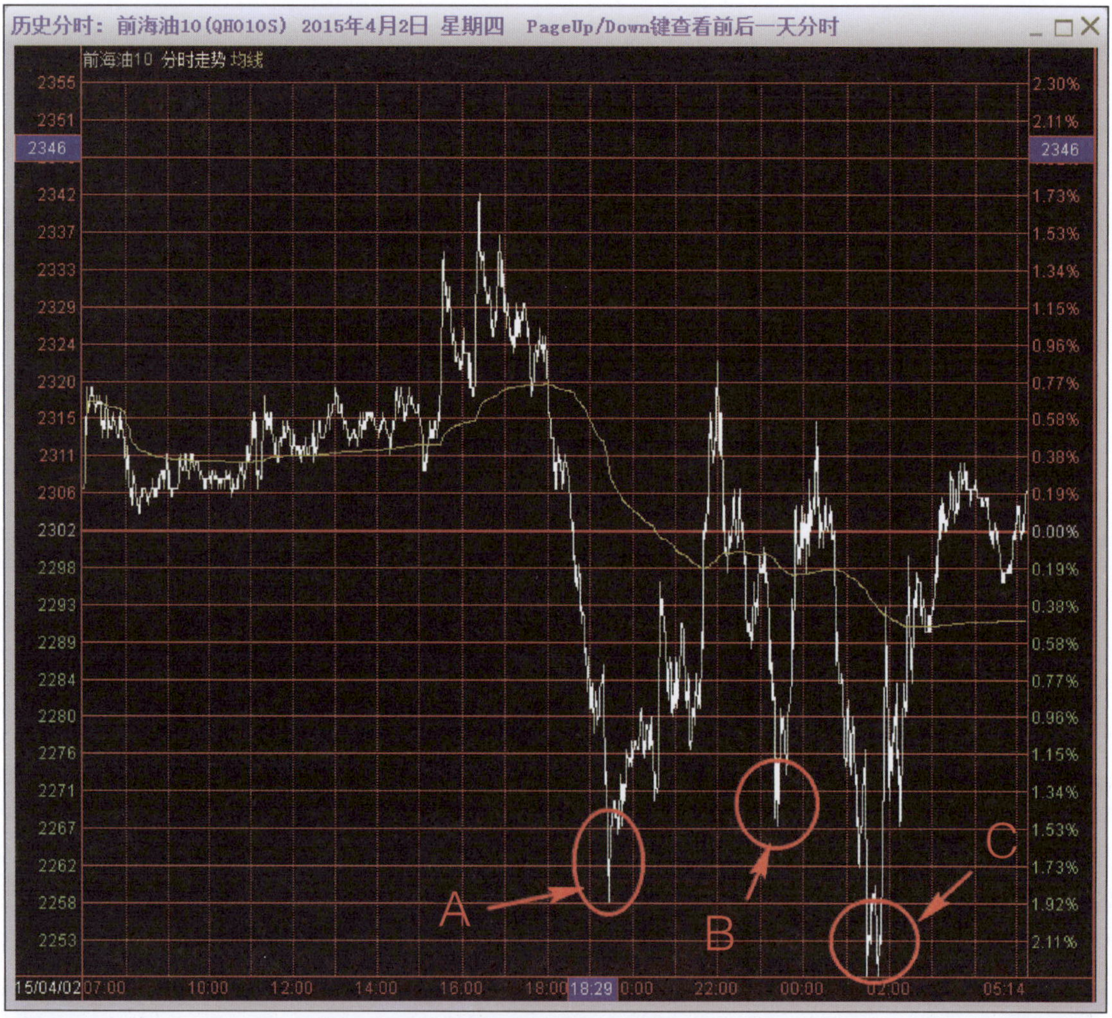

图例048

相关说明：

（1）如图例 048 所示，这是典型的宽幅急跌后形成尖刀底反弹的走势。

（2）首先在分时图均价线之上窄幅震荡，蓄势蕴量变盘，接着快速拉升，但拉升后出现了回头波走势完成诱多。

（3）图上 A 处是急跌后形成的尖刀底，随后开始反弹，通过三波拉升结束反弹。

（4）图上 B 处是上一波反弹结束后再次出现三波回头波，在第三波回头波结束后再次出现尖刀底，接着反弹直线拉升到均价线之上。

（5）图上 C 处是上一波反弹结束后出现长波急跌，随后形成双尖刀底再次反弹到均价线之上。

（6）这种典型的宽幅急跌后形成尖刀底反弹的走势，在急跌后出现尖刀底，均可看多做多，在急拉或者分时图高低点不断下移时止盈出局。

图例 049

相关说明：

（1）如图例 049 所示，这是典型的宽幅震荡蓄势形成尖刀底反转的走势。

（2）首先在分时图均价线之下来回反复无序震荡，没有方向性，属于蓄势蕴量变盘。

（3）接着出现力度非常强的尖刀底，并快速直线拉起形成 V 型反转变盘向上。

（4）随后在均价线附近获得反支撑直线拉起完成反转，再在开盘价附近蓄势继续长波急拉。

（5）然后分时图价格和均价线发生了非常严重的背离，乖离率接近 90 度并形成了尖刀顶开始回调。

（6）这种典型宽幅震荡蓄势形成尖刀底反转的走势，在变盘末期形成尖刀底时，均可看多做多，在急拉或者分时图高低点不断下移时止盈出局。

4. 分时图复合底下单法

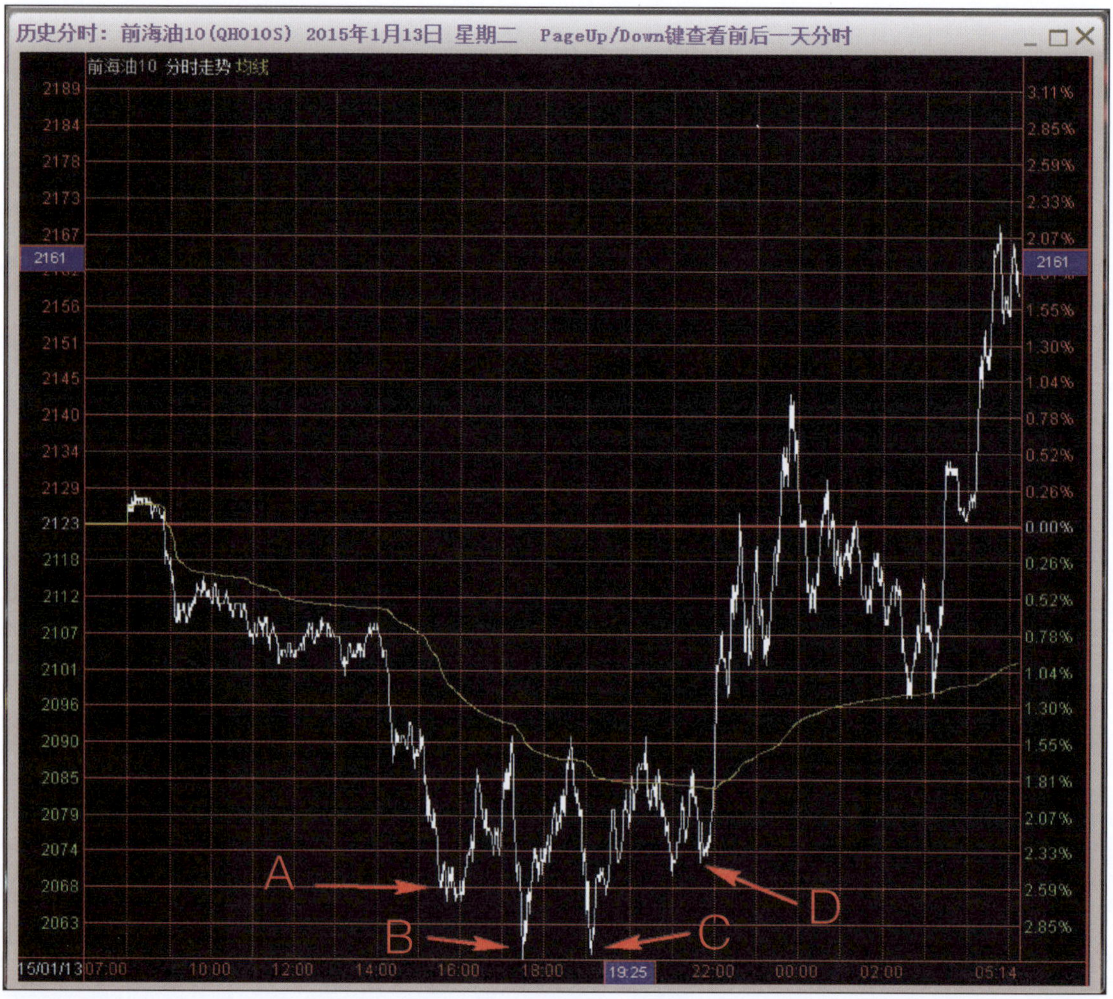

图例 050

相关说明：

（1）分时图上的复合底由尖刀底、头肩底和双底等多种底部形态组成。

（2）这是非常复杂的分时图底部，也是很容易出错的分时图波动区间。

（3）如图例 050 所示，A 处已经是长波急跌之后的小底，可以做多。

（4）图上 B 处出现了尖刀底，又是一个可以做多的经典分时图。

（5）图上 C 处再次出现尖刀底，再次出现可以做多的经典分时图。

（6）图上 D 处出现小双底，和前边的图形组合在一起，构成复合底。

5. 分时图经典头肩底下单法

图例 051

相关说明：

（1）分时图上的头肩底属于经典的看多图形，尤其是在低位出现的时候。

（2）如图例 051 所示，圆圈的位置属于最经典的标准分时图头肩底，看多做多。

（3）如果在比较平稳的走势急跌之后出现头肩底，可信的程度比较高。

（4）如果在连阳之后出现宽幅震荡，此时出现的头肩底可信程度一般。

（5）如果在三波长波急跌之后才出现头肩底，则可信程度极高，做多。

（6）如果急涨急跌反复出现尖刀底，同时出现头肩底，则谨慎对待。

图例 052

相关说明：

（1）如图例 052 所示，这是典型的急跌后形成头肩底反弹的走势。

（2）首先在均价线之下弱势盘整蕴量变盘，在变盘前没有进行诱多或诱空。

（3）接着一直受均价线的反压开始杀跌，杀跌的力度一波比一波强。

（4）随后远离分时图均价线后立马形成尖刀底，又在蓄势过程中形成头肩底。

（5）然后开始反弹，反弹到均价线之上直至受前面尖顶处的反压时结束反弹。

（6）这种典型的急跌后形成头肩底反弹的走势，在急跌远离分时图均价线又形成头肩底后，做多的可信度极高，应积极看多做多。

图例 053

相关说明：

（1）如图例 053 所示，这是典型的三波杀跌后形成头肩底反弹的走势。

（2）首先在均价线之上形成头肩顶图形，头肩顶构成后直线杀跌跌穿均价线。

（3）接着分三波杀跌，下跌时一波比一波短，杀跌的力度也在逐步减弱。

（4）随后空头力量释放完后形成头肩底，并且头肩底的底、左肩和右肩都是尖刀底。

（5）然后头肩底形成后直线拉升，直线拉升到均价线之上，在均价线附近整理，再次形成头肩底最终构成复合头肩底，再次直线拉升突破前面高点的阻力不断创出当日新高。

（6）这种典型的三波杀跌后形成头肩底反弹的走势，在三波杀跌后形成头肩底尤其是形成复合头肩底时，做多的可信度极高，应积极看多做多。

6. 分时图突破小箱体下单法

图例 054

相关说明：

（1）分时图上以小箱体的形式震荡蓄势属于很常见的图形。

（2）此时不要急于介入，不管是做多还是做空，都不要急于动手。

（3）如图例 054 所示，价格围绕均价线以极小的幅度上下波动构成小箱体。

（4）这时候最明智的策略就是观望。如果还没做单，不要开仓。

（5）因为这时候没有明确的信号，很难说接下来谁占上风。

（6）只有突破蓄势的小箱体时，升势确认，才可以进场做多。

第四章 选择空单的技巧

选择空单或者叫选择做空，最基本的原则是空头趋势明确。所谓空头趋势明确，是指下面两种情况，一是由多翻空的反转形态已经成立，二是空头趋势处于持续形态中。这两种情形，都是适合做空的市场环境。因此，本章讲解的做空技巧，是假设当前市场处于空头趋势明确的背景下。也就是说，只有在空头市场里，我们才选择做空，这一点非常重要。

第一节 空头市场的辨识

一、日线级别的空头市场

图例 055

相关说明：

（1）日线级别的空头市场，是指日线周期的蜡烛线同步向下运行，呈现为下行趋势，即常说的空头趋势。它属于最常见的技术分析所指的趋势性空头格局运行。

（2）当日线级别的蜡烛线高低点同步向下的时候，就是做空的时候。

（3）这些蜡烛线朝同一方向向下同步运行，属于市场不断做空的结果。

（4）因此，同步向下运行的时候，已经属于空头行情，这时候就坚决做空。

（5）这时候最需要看清趋势，而不要臆断或者猜测，以为多头会逆转。

（6）更不要想当然地认为市场跌得太多了，逆势而动去做多单。

二、周线级别的空头市场

图例 056

相关说明：

（1）周线级别的同步蜡烛线属于中线级别的分析和做盘思路，也适合波段操作。

（2）解读原理和日线周期的同步大致相同，但是更注重中级趋势的分析。

（3）运用周线级别同步原理来分析，可以更加清晰地看明白运行趋势。

（4）同时过滤掉一些日间杂波的影响，牢牢地把握行情主要趋势。

（5）比较适合于大型资金做盘，但不适合小资金做超短线。

（6）周线级别的同步有各种类型，与日线级别相对应。

三、月线级别的空头市场

图例 057

相关说明：

（1）月线级别的同步属于大级别大趋势的分析。

（2）适合于各类型大资金做盘，也适合于对大趋势的解读。

（3）月线级别的蜡烛线出现高低点同步下移，说明空头处于疯狂中。

（4）实体部分大小可以兼顾各种类型，由小到大属于最佳。

（5）月线级别下出现同步下移，属于难得一见的大级别空头行情。

（6）这时候，可以逢高反复做空，或者设定止损位之后飘单即可。

第二节 选择空单的技巧

一、分钟图下单技巧

1. 1分钟框架下单技巧

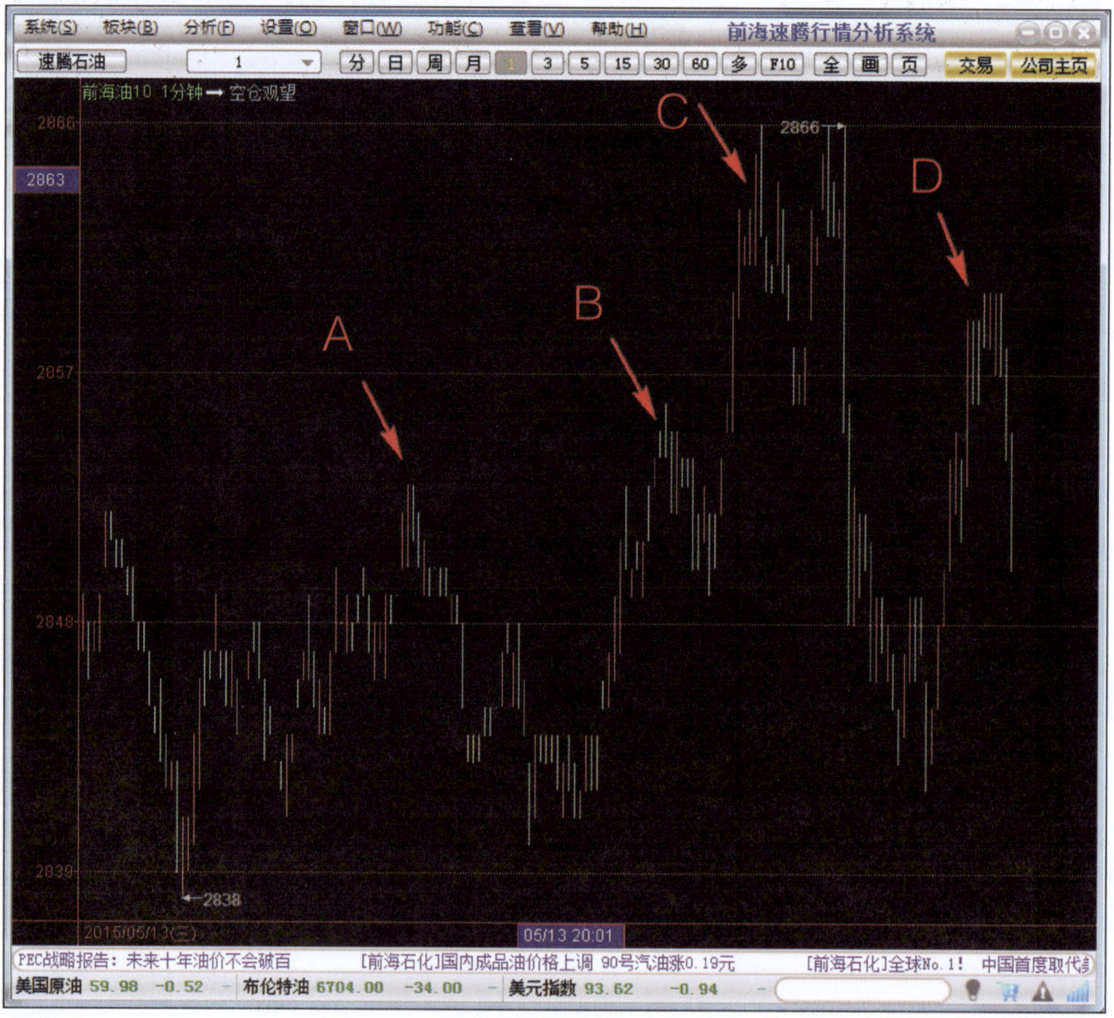

图例 058

相关说明：

（1）1分钟框架下的空头行情属于极端超短炒单，因此，把握起来难度大。

（2）此处做空的核心原则是形态下单法，即除非出现典型的下单图形，否则观望。

（3）图例058中A处属于典型的快速急拉后向下反转形态，此处可以做空。

（4）图例058中B处属于典型的快速急拉突破近高后再创新高，此处可以做空。

（5）图例058中C处属于典型的高位突破蓄势形态，此处突破确认后可以做空。

（6）图例058中D处属于典型的快速急拉后出现向下反转形态，此处可以做空。

2. 3分钟框架下单技巧

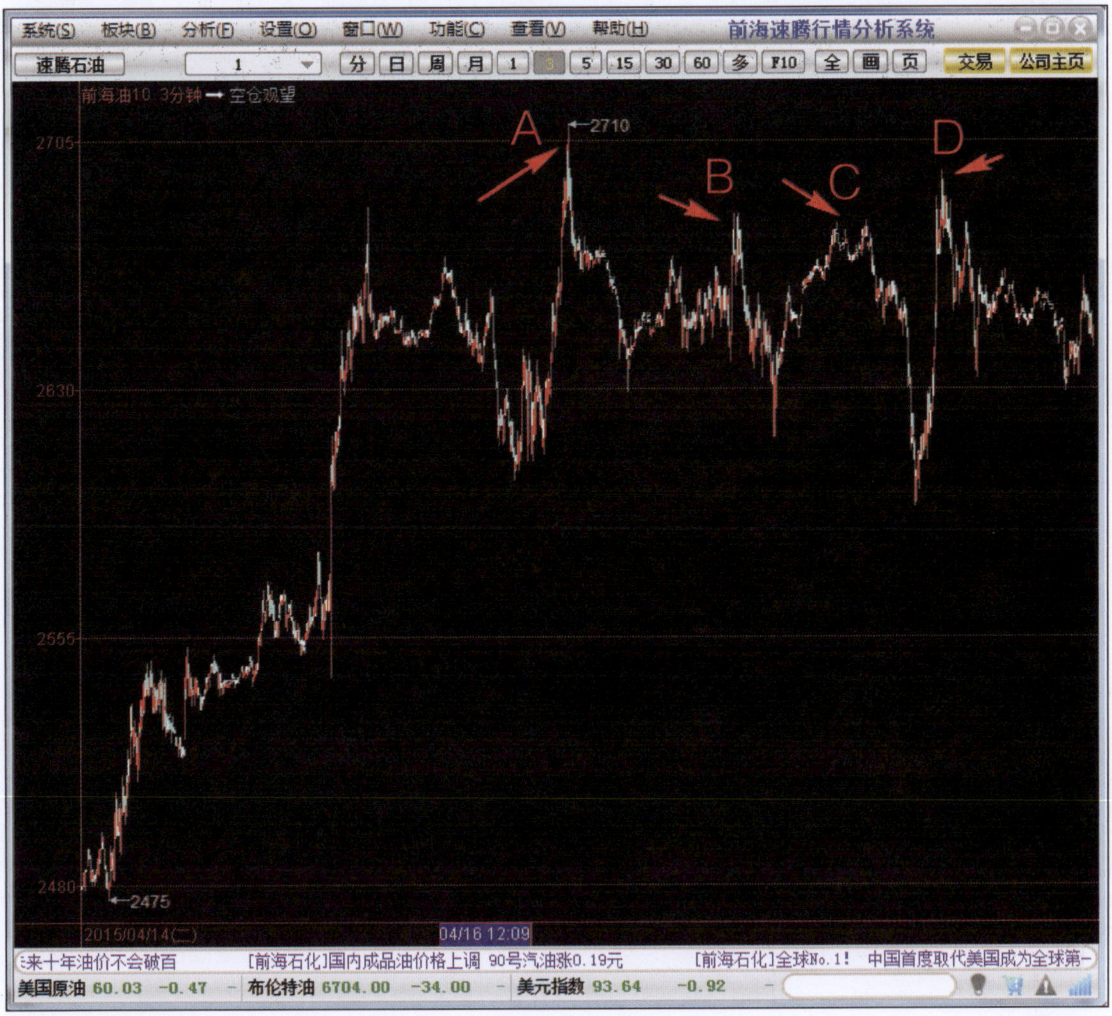

图例059

相关说明：

(1) 3分钟框架下的空头行情也属于极端超短炒单，因此，把握起来难度大。

(2) 此处做空的核心原则是长阳急拉下单法，即除非出现长阳急拉图形，否则观望。

(3) 图例059中A处属于典型的长阳急拉后向下反转形态，此处可以谨慎做空。

(4) 图例059中B处属于典型的长阳急拉后再创新高，此处可以谨慎做空。

(5) 图例059中C处属于典型的长阳急拉后再创新高，此处可以新高后做空。

(6) 图例059中D处属于典型的长阳急拉后向下反转形态，此处可以谨慎做空。

3. 5分钟框架下单技巧

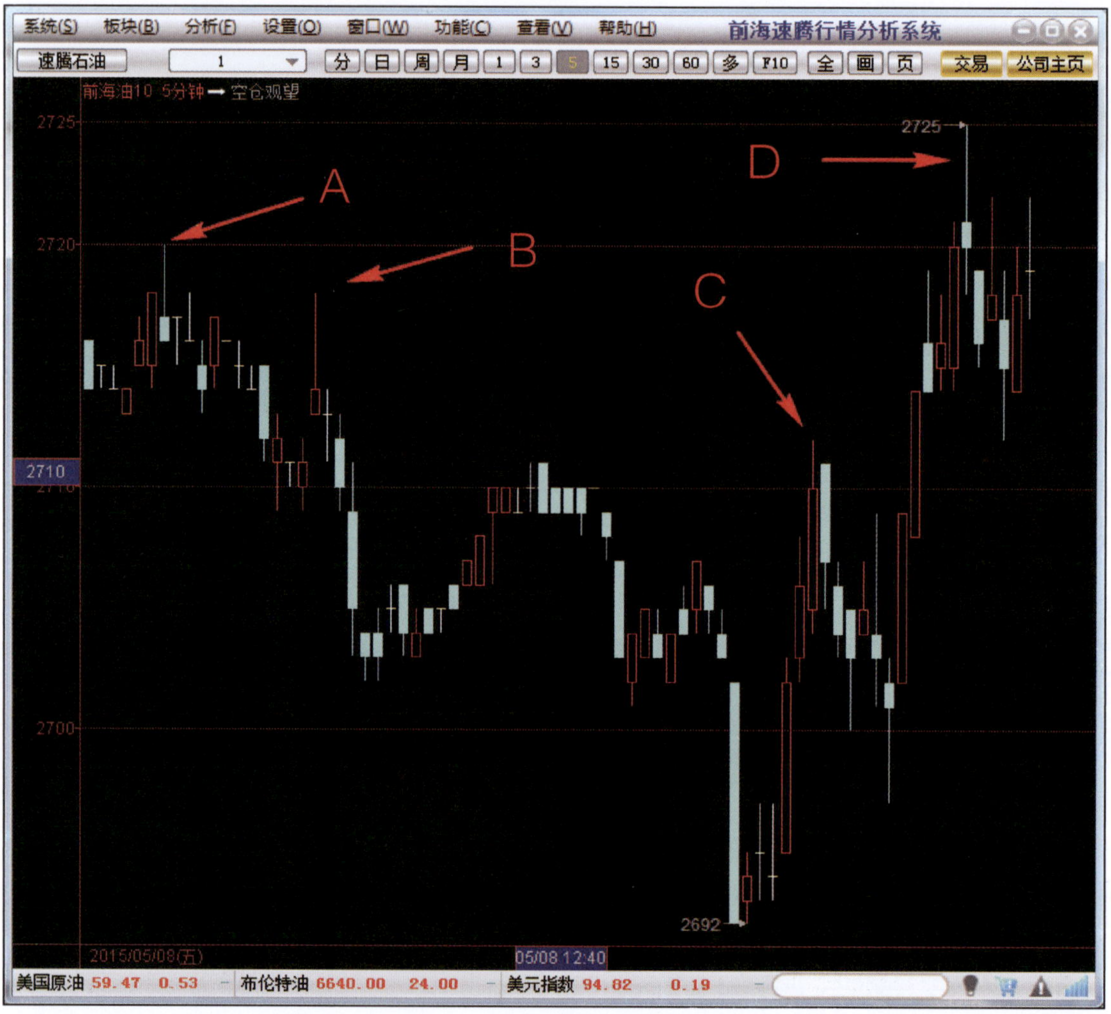

图例060

相关说明：

(1) 5分钟框架下的空头行情也属于极端超短炒单，因此，把握起来难度大。

(2) 此处做空的核心原则是长上影线下单法，出现长上影线图形时做空的胜算比较大。

(3) 图例 060 中 A 处属于阴线弓形长上影线，此处可以谨慎做空，而不宜做多。

(4) 图例 060 中 B 处属于阳线跳空弓形长上影线，此处可以谨慎做空，不做多。

(5) 图例 060 中 C 处属于三连阳长上影线，此处可以等待新高之后谨慎做空。

(6) 图例 060 中 D 处属于典型的纺锤长上影线向下反转形态，此处可以谨慎做空。

4. 15 分钟框架下单技巧

图例 061

相关说明：

(1) 15 分钟框架下的空头行情也属于短炒做单，因此，把握起来难度比较大。

(2) 此处做空的核心原则是新高后星线下单法，出现星线图形的时候做空胜算大。

（3）图例 061 中 A 处属于阶段性第一次出星线，此处可以谨慎做空，胜算比较大。

（4）图例 061 中 B 处属于阶段性第二次出星线，此处可以谨慎做空，胜算也很大。

（5）图例 061 中 C 处属于阶段性第三次出星线，此处可以谨慎做空，获利机会多。

（6）图例 061 中 D 处属于阶段性第四次出星线，此处可以谨慎做空，获利机会大。

5. 30 分钟框架下单技巧

图例 062

相关说明：

（1）30 分钟框架下的空头行情也属于短炒做单，因此，把握起来难度比较大。

（2）此处做空的核心原则是小周期反转下单法，出现反转图形的时候做空胜算大。

（3）图例 062 中 A 处属于相对高位小周期下拉线，此处可以谨慎做空，胜算比较大。

（4）图例 062 中 B 处属于相对高位小周期覆盖线，此处可以谨慎做空，胜算比较大。

（5）图例 062 中 C 处属于相对高位小周期反包线，此处可以谨慎做空，获利机会多。

（6）图例 062 中 D 处属于相对高位小周期黄昏星，此处可以坚决做空，获利机会很大。

6. 60 分钟框架下单技巧

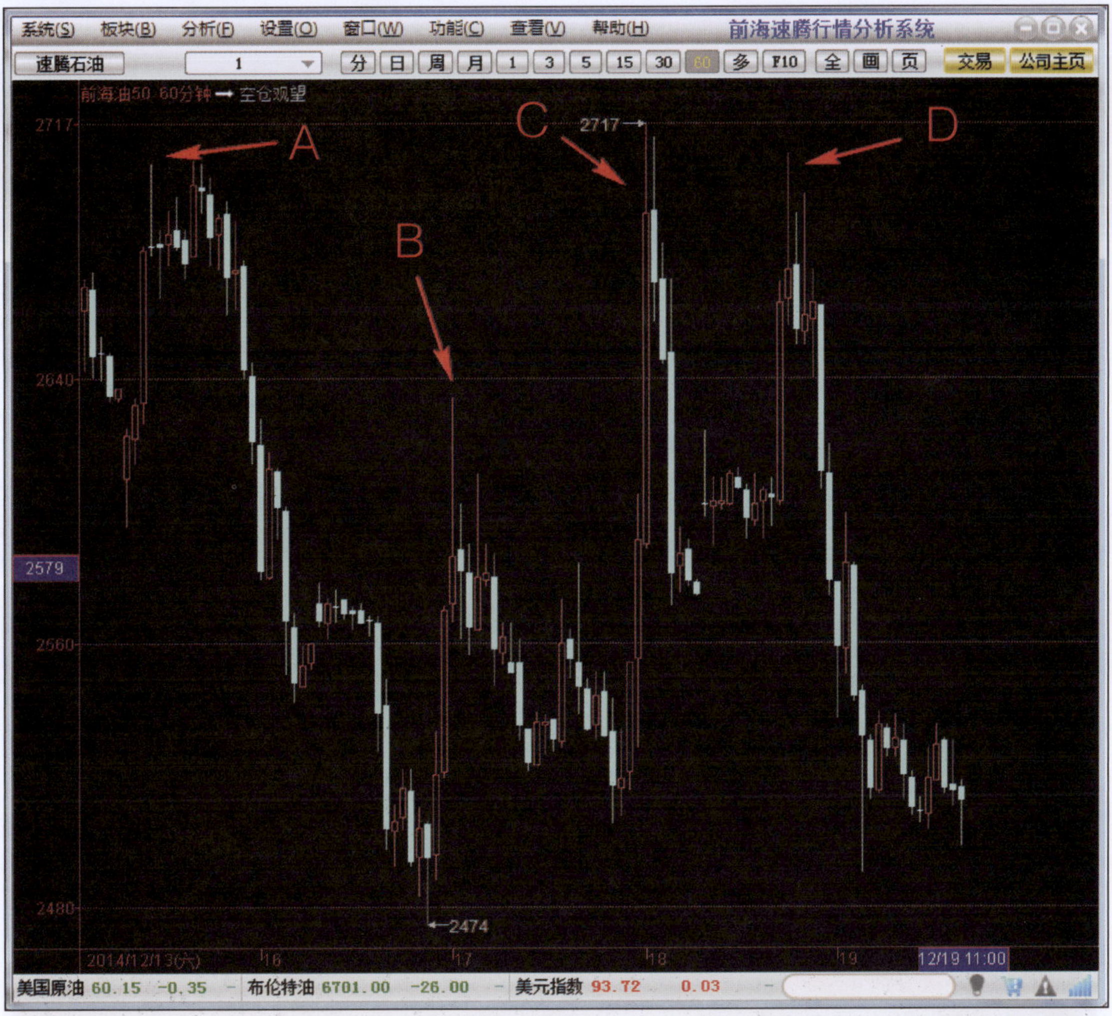

图例 063

相关说明：

（1）60 分钟框架下的空头行情也属于短炒做单，因此，把握起来难度比较大。

（2）此处做空的核心原则是小周期新高长上影下单法，出现这图形时做空胜算大。

（3）图例 063 中 A 处属于相对高位小周期长上影线，此处可以谨慎做空，胜算比较大。

（4）图例 063 中 B 处属于相对高位小周期长上影线，此处可以谨慎做空，胜算也很大。

（5）图例 063 中 C 处属于相对高位小周期长上影线，此处可以谨慎做空，获利机会多。

（6）图例 063 中 D 处属于相对高位小周期长上影线，此处可以谨慎做空，获利机会大。

7. 多分钟框架下单技巧

图例 064

相关说明：

（1）多分钟框架下的空头行情也属于短炒做单，可以参照 60 分钟下单法操作。

（2）此处做空的核心原则是小周期新高长上影下单法，出现这图形时做空胜算大。

（3）图例 064 中 A 处属于相对高位小周期长上影线，此处可以谨慎做空，胜算比较大。

（4）图例 064 中 B 处属于相对高位小周期长上影线，此处可以谨慎做空，胜算也很大。

（5）图例 064 中 C 处属于相对高位小周期长上影线，此处可以谨慎做空，获利机会多。

（6）图例 064 中 D 处属于相对高位小周期长上影线，此处可以谨慎做空，有暴利机会。

二、分时图下单技巧

1. 分时图回头波下单法

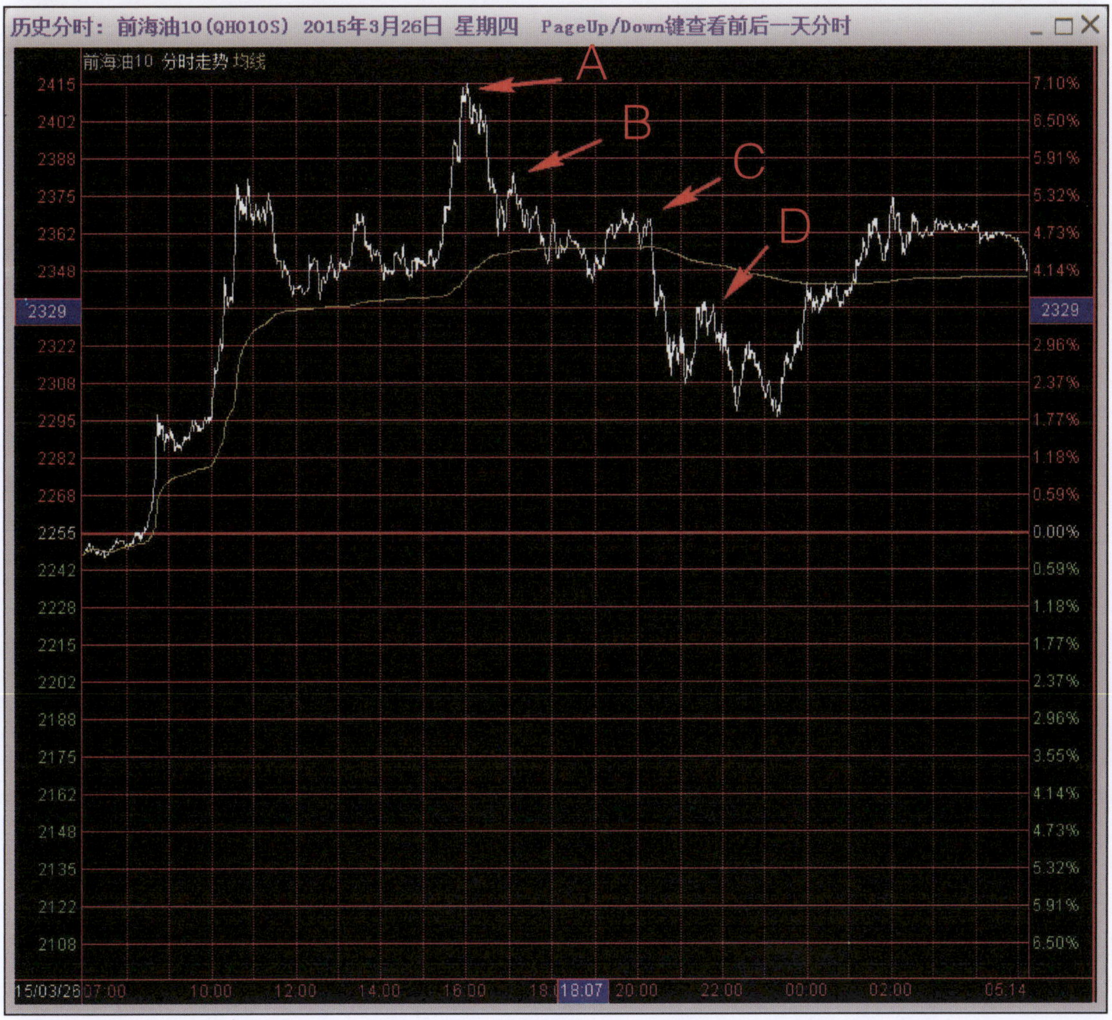

图例 065

相关说明：

（1）分时图上出现回头波，属于典型的即时多翻空，因此，需要及时做空。

（2）这是超短线炒单时的高频交易手法，只要急拉之后出现回头波即做空。

（3）如图例 065 所示，图上 A 处出现了典型的回头波，此处可以谨慎做空。

（4）如图例 065 所示，图上 B 处出现了典型的回头波，此处可以谨慎做空。

（5）如图例 065 所示，图上 C 处出现了典型的回头波，此处可以谨慎做空。

（6）如图例 065 所示，图上 D 处出现了典型的回头波，此处可以谨慎做空。

图例 066

相关说明：

（1）如图例 066 所示，这是典型的拉升后回头波构成头肩顶由多翻空的走势。

（2）图上 A 处在均价线之上获得支撑后开始向上缓慢攀升。

（3）图上 B 处在远离分时图均价线后出现回头波构成头肩顶的顶。

（4）图上 C 处在反抽时受阻刚好构成头肩顶的右肩，并且右肩明显低于左肩。

（5）图上 D 处在反抽过程中形成了尖刀顶又受前面头肩顶颈线的反阻，随后开始直线跳水。

（6）这种典型的拉升后回头波构成头肩顶由多翻空的走势，在回头波后形成头肩顶尤其是反抽受头肩顶颈线反阻时，做空的可信度极高，应积极看空做空。

图例 067

相关说明：

（1）如图例 067 所示，这是典型的出现回头波后急涨急跌、上蹿下跳的分时走势。

（2）图上A处先在均价线之上震荡随后直线拉起，接着缓慢向上盘升，重心也在不断上移。

（3）最后拉升时力度明显不够，出现了回头波走势，甚至回补了刚刚上涨的幅度，紧接着直线跳水。

（4）图上B处在底部形成尖刀底后直线飙起形成大V型反转，但是在前面高点附近受阻，并出现了回头波走势。

（5）出现回头波走势后便一路阴跌直到跌穿均价线、跌穿开盘价甚至到收盘也未能收上去。

（6）这种典型的出现回头波后急涨急跌、上蹿下跳的分时走势，在出现回头波后又开始盘跌时，做空的可信度极高，应积极看空做空。

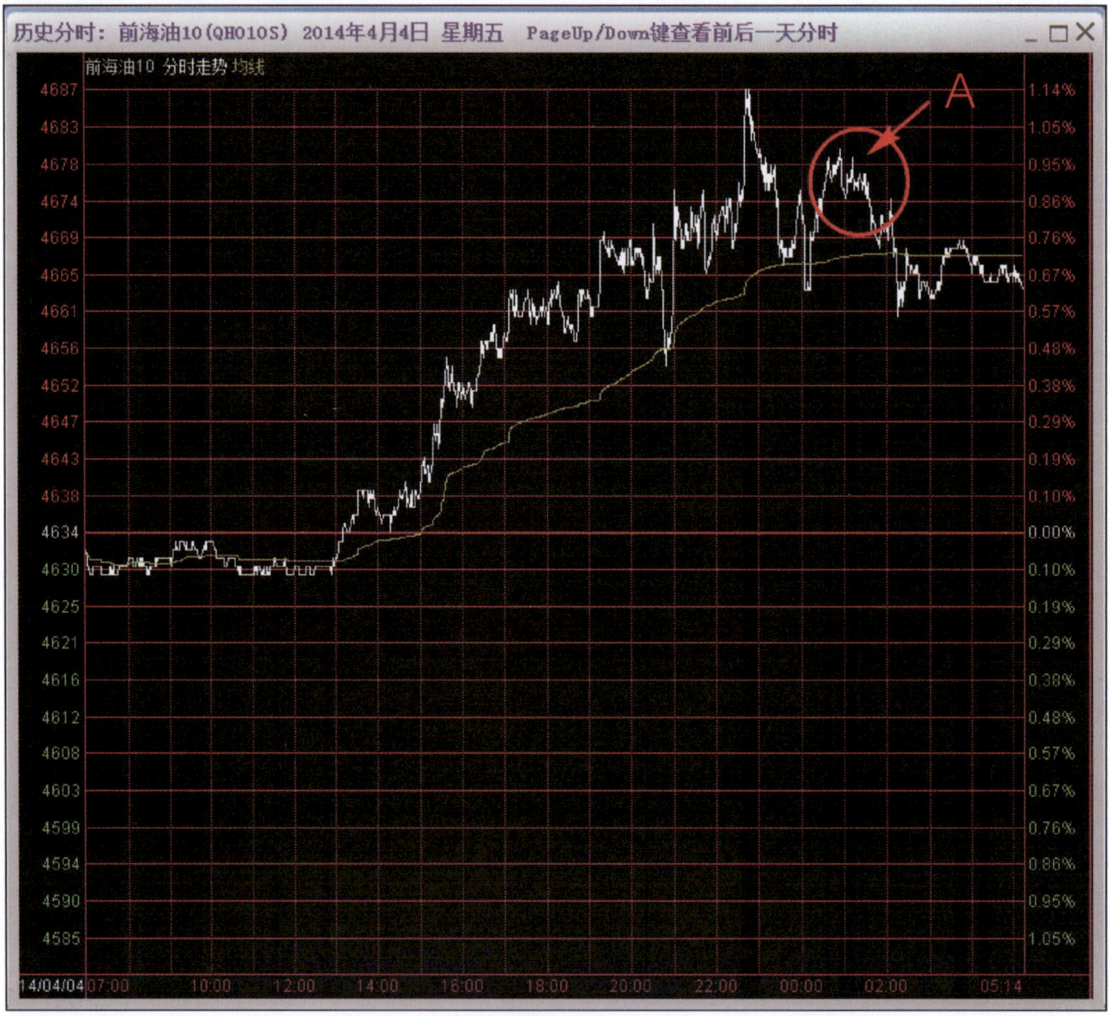

图例 068

相关说明：

（1）如图例 068 所示，这是典型的出现回头波后回调的分时走势。

（2）首先在均价线之上盘升，一路沿着均价线向上攻。

（3）接着一碰触均价线就立马拉起，说明在多空博弈中多头占上风。

（4）图上 A 处随后出现回头波走势且未能创新高，回头波出现回调在即。

（5）然后跌穿均价线，反抽均价线时受其反阻直到尾盘一直在均价线之下盘整。

（6）这种典型的出现回头波后回调的分时走势，在出现回头波后又开始盘跌时，回调在即，应积极看空做空。

图例 069

相关说明：

（1）如图例 069 所示，这是典型的急拉后盘头过程中出现的回头波走势。

（2）首先是在分时图均价线之上盘整蓄势，随后直线快速拉起多头量能得到彻底释放。

（3）接着开始进入盘头阶段，在盘头的过程中出现了回头波并且一直在盘跌。

（4）在回头波出现后开始一路向下杀跌，直到跌穿均价线后反抽均价线受阻再次进行长波杀跌并远离分时图均价线空头才有所缓解。

（5）回头波出现后尤其是在盘头阶段出现后可以潜伏空单的底仓，在跌穿均价线后再做加仓动作。

（6）这种典型的急拉后盘头过程中出现的回头波走势，在出现回头波后一路向下盘跌时，做空的可信度极高，应积极看空做空直到出现长波杀跌止盈出局。

图例 070

相关说明：

（1）如图例 070 所示，这是典型的出现回头波后宽幅震荡的走势。

（2）图上 A 处先快速急拉，随后出现回头波跌穿均价线，在均价线之下蓄势跌回到起涨点。

（3）图上 B 处也是在第二次拉起时出现了回头波，并且受前面高点的反阻，一路盘跌跌穿开盘价并创新低。

（4）图上 C 处受 A、B 处密集区的反阻后出现回头波走势，第三次击穿均价线，在反抽均价线的过程中受均价线的反阻尾盘在均价线之下盘整。

（5）对于出现回头波走势后，持空单炒单者可根据尖刀底或根据飘空单的技巧止盈。

（6）这种典型出现回头波后宽幅震荡的走势，在出现回头波后又开始盘跌时，应积极看空做空。

图例 071

相关说明：

（1）如图例 071 所示，这是典型的回头波磨顶走势。

（2）首先在均价线之上蓄势后出现急拉直到分时图均价线出现严重背离。

（3）图上 A 处出现回头波后立马直线跌到均价线附近，在均价线之上蓄势。

（4）图上 B 处是蓄势后第二次拉起但受 A 处密集区的反阻再次出现回头波，出现回头波后击穿均价线。

（5）图上 C 处是跌穿均价线后反抽回到均价线之上但又一次出现回头波再次跌穿均价线，然后直线快速下跌。

（6）这种典型回头波磨顶的走势，A、B、C 三处均形成回头波，并且高点一个比一个低，在每次形成回头波后并且不破前面高点时做空的可信度极高，应坚决看空做空。

图例 072

相关说明：

（1）如图例 072 所示，这是典型的三波急拉后出现回头波回调的走势。

（2）首先在均价线之上蓄势，随后立即快速直线飙升，急拉后在高位构成中继平台。

（3）接着出现第二波急拉，第二波拉升结束后出现回头波走势，但在回补的过程中未跌穿第二波拉升幅度的 1/2。

（4）然后在均价线之上蓄势后再次出现第三波急拉，第三次急拉后价格和均价线出现了严重的背离，最终出现回头波走势开始回调，直到尾盘也未能再次拉起创新高。

（5）一般三波急拉后在第三波急拉后多头量能得到彻底释放，在第三波拉升后回调或者反转的可信度极高。

（6）这种典型三波急拉后出现回头波回调的走势，在第三波拉升后出现回头波走势，做空的可信度极高，应坚决看空做空。

图例 073

相关说明：

（1）如图例 073 所示，这是典型的长波拉升后均价线严重背离出现回头波回调的走势。

（2）首先白天全天在均价线附近来回窄幅震荡，蓄势蕴量变盘。

（3）接着开始变盘向上突破，在回踩过程中受均价线反支撑，再次在均价线之上蓄势。

（4）随后直线快速拉起，拉升幅度大、力度猛是非常明显的长波急拉。

（5）然后长波急拉后价格和分时图出现了严重背离，乖离率高达 90 度并且出现了回头波走势，尾盘就开始回调修整。

（6）这种典型长波拉升后均价线严重背离出现回头波回调的走势，在均价线背离后出现回头波时，回调在即，做空的可信度极高，应积极看空做空。

图例 074

相关说明：

（1）如图例 074 所示，这是典型的三波拉升后出现回头波构筑双顶回调的走势。

（2）首先在均价线附近蓄势，形成尖刀双底后立即快速直线飙升，急拉后在高位构成中继平台。

（3）接着出现第二波急拉，第二波拉升结束后出现回头波走势，但在回补的过程中未跌穿第二波拉升幅度的 1/2。

（4）然后再出现第三波急拉，第三次急拉后价格和均价线出现了严重的背离，最终出现回头波走势并构筑了双顶开始回调，尾盘直接跳水。

（5）一般在第三波急拉后多头量能得到彻底释放，回调或者反转的可信度极高。

（6）这是典型的三波拉升后出现回头波构筑双顶回调的走势，在第三波拉升后出现回头波走势，尤其是构筑了双顶后，做空的可信度极高，应坚决看空做空。

图例 075

相关说明：

（1）如图例 075 所示，这是典型的长波拉升后在盘头中出现回头波构筑双顶回调的走势。

（2）首先是在均价线附近构建头肩顶形成诱多走势。

（3）接着直线拉起拉升到均价线和开盘价之上，并在开盘价之上构建中继加油平台。

（4）随后开始出现长波拉升，长波拉升后多头力量开始减弱进入盘头阶段。

（5）然后在盘头过程中出现回头波走势，并构筑了双顶，尾盘开始调整。

（6）这种典型长波拉升后盘头中出现回头波构筑双顶回调的走势，在长波拉升后出现回头波走势，尤其是构筑了双顶后，做空的可信度极高，应坚决看空做空。

2. 分时图头肩顶下单法

图例 076

相关说明：

（1）分时图上的头肩顶属于最经典的多翻空图形，见此图形需要立即做空。

（2）如图例 076 所示，图上圆圈处属于常见的也比较标准的分时图头肩顶。

（3）此时，可以采用高低点变化的方式进行观察，查看多空力量的对比情况。

（4）一旦出现攻击乏力的走势，不能再创新高，说明多头上攻意愿不强了。

（5）上行乏力的结果就是空头得逞，接下来由升转跌是不可避免的事情。

（6）因此，一旦头肩顶成立，就要立即空仓，坚决做空，不要有任何幻想。

3. 分时图尖刀顶下单法

图例 077

相关说明：

（1）分时图上的尖刀顶属于典型的炒单多翻空瞬间机会，把握难度很大。

（2）但是，这是原油投资很常见的做空定式，是你必须掌握的下单要领。

（3）所谓尖刀顶，就是指价格瞬间长波急拉，又瞬间长波急跌构成的图形。

（4）如图例 077 所示，圆圈里尖角状的图形，就是典型的尖刀顶。

（5）尖刀顶具有极大的杀伤力，千万不可以大意，要认真对待。

（6）一旦发现这样的分时走势图，要立即多翻空，积极做空。

图例 078

相关说明：

（1）如图例 078 所示，这是典型的三波拉升后均价线严重背离出现尖刀顶回调的走势。

（2）首先在均价线之下宽幅震荡，蓄势蕴量变盘，在变盘前多次形成尖刀底。

(3) 接着开始变盘向上突破，在回踩过程中受开盘价反支撑并在开盘价之上蓄势。

(4) 随后第二波直线快速拉起，拉升幅度大、力度猛是非常明显的长波急拉。

(5) 然后第三波急拉后多头量能得到彻底释放，并且价格和分时图出现了严重背离，乖离率高达 90 度并且出现了尖刀顶，尾盘就开始回调修整。

(6) 这种典型三波拉升后均价线严重背离出现尖刀顶回调的走势，在第三波急拉后均价线背离出现尖刀顶时，回调在即，做空的可信度极高，应积极看空做空。

图例 079

相关说明：

(1) 如图例 079 所示，这是典型的长波拉升后均价线严重背离出现双尖刀顶由多翻空的走势。

（2）首先在均价线附近宽幅震荡，蓄势蕴量变盘，在变盘前多次形成尖刀底。

（3）接着开始变盘向上突破，在回踩过程中受前面高点反支撑并在前面高点之上蓄势。

（4）随后直线快速拉起，拉升幅度大、力度猛是非常明显的长波急拉。

（5）然后出现急拉后多头量能得到彻底释放，并且价格和分时图出现了严重背离，乖离率高达 90 度并且出现了尖刀顶，反抽的过程中未能创新高再次形成尖刀顶出现双尖刀顶的走势，迅速完成由多翻空。

（6）这种典型长波拉升后均价线严重背离出现双尖刀顶由多翻空的走势，在长波急拉后均价线背离并出现双尖刀顶时，由多翻空在即，做空的可信度极高，应积极看空做空。

图例 080

相关说明：

（1）如图例 080 所示，这是典型急拉诱多后多翻空的走势。

（2）首先是在均价线之上蕴量变盘，分时图高点也在不断下移。

（3）接着直线下跌快速跌穿均价线变盘向下突破，开始快速急跌。

（4）随后立马止跌形成尖刀底并在均价线附近蓄势。

（5）然后直线急拉，快速拉升到均价线之上，最后又以迅雷不及掩耳之势快速急跌，再次跌穿均价线回到均价线之下形成尖刀顶完成诱多。

（6）这种典型急拉诱多后多翻空的走势，在急拉后立马形成尖刀顶时，应积极看空做空，在急跌或者远离均价线时止盈出局。

图例 081

相关说明：

（1）如图例 081 所示，这是典型三波拉升后回踩的走势。

（2）首先在远离分时图均价线后止跌，形成尖刀底并且形成大 V 型反转。

（3）接着开始转势，直线拉升到均价线之上，回踩过程中受均价线的反支撑。

（4）随后开始快速直线拉升，明显的三波杀跌，并且一波比一波拉升的力度强。

（5）最后一波急拉多头量能得到彻底释放且远离分时图均价线并在拉升后立马形成尖刀顶时可快速抢进空单。

（6）这种典型三波拉升后回踩的走势，在急拉多头量能得到彻底释放并远离分时图均价线形成尖刀顶时，应积极看空做空，在急跌或者远离均价线时止盈出局，这种回踩走势要快速进出，不可贪婪。

图例 082

相关说明：

（1）如图例 082 所示，这是典型长波拉升后力度非常强的多翻空走势。

（2）首先在均价线之上窄幅震荡蕴量变盘，在变盘前没有进行诱多或诱空。

（3）接着变盘向上突破，在回踩均价时一直受均价线的反支撑，开始长波直线拉升，急速拉升使多头量能得到彻底释放。

（4）随后开始滞涨并明显远离分时图均价线，乖离率接近 90 度。

（5）然后形成尖刀顶，以迅雷不及掩耳之势快速直线下跌完成多翻空，将多头杀尽。

（6）这种典型的长波拉升后力度非常强的多翻空走势，在急拉后滞涨快速形成尖刀顶时，应坚决看空做空，在急跌或者分时图高低点不断上移时止盈出局。

图例 083

相关说明：

（1）如图例 083 所示，这是典型四波拉升后由多翻空的走势。

（2）首先在均价线附近形成尖刀底，随后开始四波上涨，并且一波比一波长。

（3）接着在第四长波拉升后出现回头波，此时可潜伏空单底仓。

（4）随后在回头波后出现直线下跌，快速回补了前面第三波和第四波拉升的幅度，形成力度非常强的尖刀顶。

（5）然后在均价线附近来回震荡后再次直线跌穿均价线，并形成尖刀顶开始杀跌。

（6）这种典型四波拉升后由多翻空的走势，在回头波出现并形成尖刀顶时，应积极看空做空，在急跌或者远离均价线时止盈出局。

图例 084

相关说明：

（1）如图例 084 所示，这是典型长波拉升后均价线严重背离出现尖刀顶回调的走势。

（2）首先在均价线附近来回窄幅震荡，蓄势蕴量变盘。

（3）接着开始变盘向上突破，在回踩过程中多次受均价线反支撑并在均价线之上蓄势。

（4）随后直线快速拉起，拉升幅度大、力度猛是非常明显的长波急拉。

（5）长波急拉后价格和分时图出现了严重背离，乖离率高达 90 度并且出现了尖刀顶，尾盘就开始回调修整。

（6）这种典型长波拉升后均价线严重背离出现尖刀顶回调的走势，在均价线背离后出现尖刀顶时，回调在即，做空的可信度极高，应积极看空做空。

图例 085

相关说明：

（1）如图例 085 所示，这是典型长波拉升后均价线严重背离出现尖刀顶由多翻空的走势。

（2）首先在均价线附近来回窄幅震荡，蓄势蕴量变盘。

（3）接着开始变盘向上突破，在回踩过程中受均价线反支撑再次在均价线之上蓄势。

（4）随后直线快速拉起，拉升幅度大、力度猛是非常明显的长波急拉。

（5）然后长波急拉后价格和分时图出现了严重背离，乖离率高达 90 度并且出现了尖刀顶，立马就直线跳水，以迅雷不及掩耳之势完成多翻空，将多头杀尽。

（6）这种典型长波拉升后均价线严重背离出现尖刀顶由多翻空的走势，在均价线背离后出现尖刀顶时，由多翻空的可信度极高，应积极看空做空。

图例 086

相关说明：

（1）如图例 086 所示，这是典型长波拉升后力度非常强的反转的走势。

（2）首先在分时图均价线附近形成头肩底，盘升到均价线之上，在回踩过程中受均价线反支撑。

（3）接着开始长波直线拉升，快速拉升使多头量能得到彻底释放。

（4）随后蓄势形成尖刀顶，并快速跌穿到均价线之下，整体形成力度非常强的大岛型反转。

（5）然后在反抽过程中在均价线获得反阻时再次出现跳水，一直到尾盘都是弱势盘整并未出现反弹。

（6）这种典型长波拉升后力度非常强的反转走势，在急拉形成尖刀顶并形成力度非常强的大岛型后，应坚决看空做空，在急跌或者分时图高低点不断上移时止盈出局。

图例 087

相关说明：

（1）如图例 087 所示，这是典型长波拉升后形成尖刀顶回踩的走势。

（2）首先在均价线附近频繁形成小尖刀底后蕴量变盘，在变盘前没有进行诱多或诱空。

（3）接着拉升到均价线之上并且企稳，开始长波直线拉升，快速拉升使多头量能得到彻底释放。

（4）随后开始滞涨并明显远离分时图均价线，乖离率接近 90 度。

（5）然后形成尖刀顶，以迅雷不及掩耳之势快速直线下跌，使价格回到均价线附近。

（6）这种典型长波拉升后形成尖刀顶回踩的走势，在急拉后滞涨快速形成尖刀顶时，应坚决看空做空，在急跌或者分时图高低点不断上移时止盈出局。

4. 分时图双顶下单法

图例 088

相关说明：

（1）分时图上的双顶属于很常见的炒单多翻空瞬间机会，比较容易把握。

（2）因此，这是原油投资很常见的做空定式，是你必须掌握的下单要领。

（3）所谓双顶，是指价格瞬间长波急拉急跌，再一次瞬间长波急跌构成的图形。

（4）如图例 088 所示，圆圈里的两个尖角状的图形，就是构成了典型的双顶。

（5）双顶也是具有极大杀伤力的，千万不可以大意，要认真对待。

（6）一旦发现这样的分时走势图，要立即多翻空，积极做空。

图例 089

相关说明：

（1）如图例 089 所示，这是典型的不创新高形成双顶后回调的走势。

（2）首先在分时图均价线附近窄幅震荡，蓄势蕴量变盘，在变盘前没有进行诱多诱空。

（3）接着在急跌后立马直线快速长波拉起，拉升后在高位继续蓄势。

（4）随后再次开始长波发射火箭，使多头量能得到快速释放进入盘头磨顶阶段，分时图均价线明显背离开始回调。

（5）回调到第二波起涨点时获得支撑快速直线拉起形成 V 型反转，但未能创新高形成了双顶开始回调，尾盘回到均价线附近修整。

（6）这种典型的不创新高形成双顶后回调的走势，在急拉后未能创新高形成双顶时，应坚决看空做空，在急跌或者分时图高低点不断上移时应止盈出局。

图例 090

相关说明：

（1）如图例 090 所示，这是典型长波拉升后形成双顶由多翻空的走势。

（2）首先在分时图均价线附近来回宽幅震荡，蓄势蕴量变盘。

（3）接着在急跌后立马直线拉起形成尖刀底，快速拉升到均价线之上。

（4）随后开始长波发射火箭使多头量能得到快速释放进入盘头磨顶阶段。

（5）在盘头阶段出现双顶，然后直线跌到均价线附近并快速跌穿均价线在反抽过程中受均价线反阻后直线跳水，迅速完成由多翻空。

（6）这种典型长波拉升后形成双顶由多翻空的走势，在急拉后滞涨快速形成双顶时，应坚决看空做空，在急跌或者分时图高低点不断上移时止盈出局。

5. 分时图断崖跳下单法

图例 091

相关说明：

（1）分时图上的断崖跳属于最恶劣的炒单多翻空瞬间机会，杀伤力很大。

（2）这是原油投资很常见的暴力做空定式，是你必须掌握的下单要领。

（3）所谓断崖跳，是指价格无征兆瞬间长波急跌，跌幅巨大构成的图形。

（4）如图例 091 所示，箭头所指长波急跌的图形，就是最恐怖的断崖跳。

（5）断崖跳具有极大的杀伤力，千万不可以大意，要认真对待。

（6）一旦发现这样的分时走势图，要立即多翻空，积极做空。

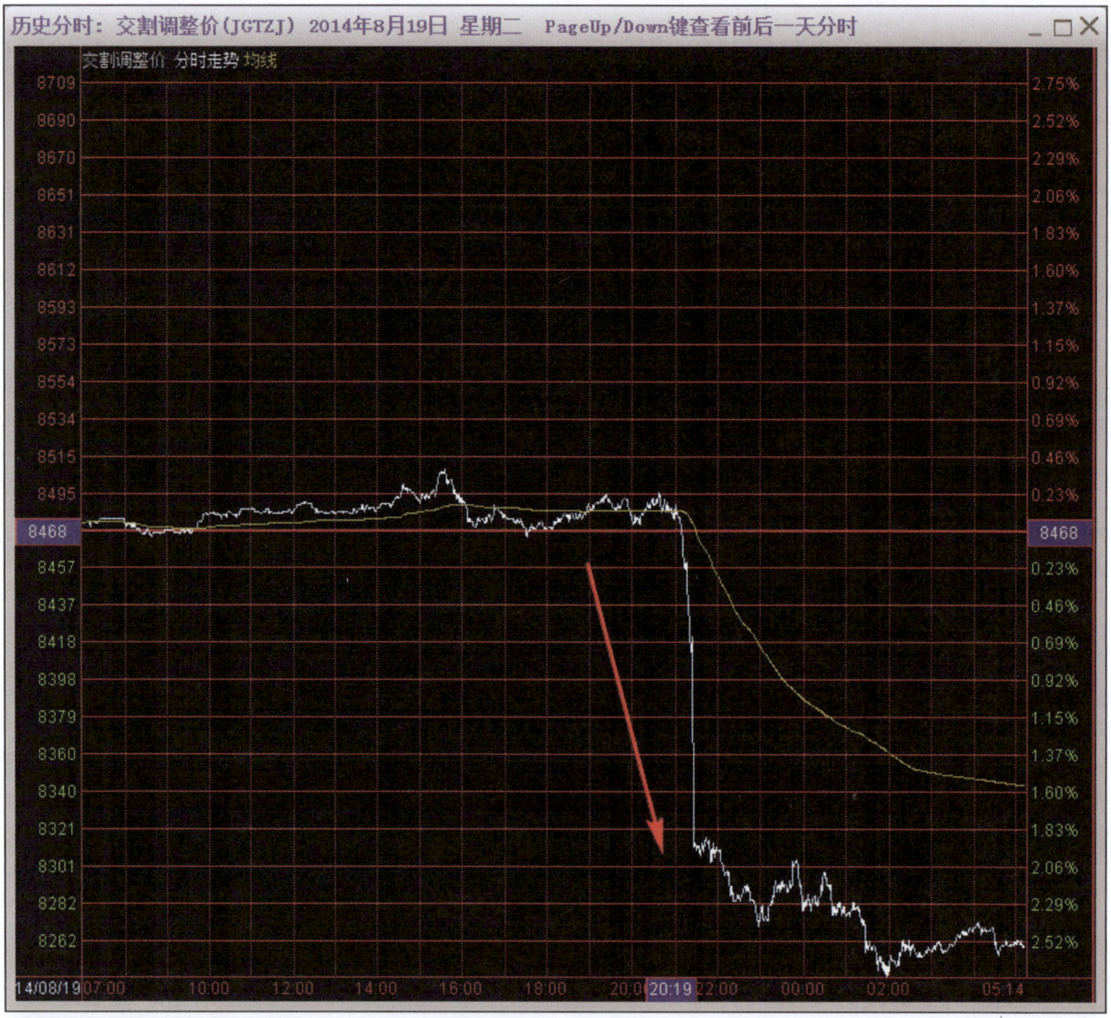

图例 092

相关说明：

（1）如图例 092 所示，这是典型形成头肩顶后出现断崖式跳水的走势。

（2）首先在分时图均价线之上盘升，下午开始盘跌，整体形态构筑头肩顶结构。

（3）接着头肩顶形成后开始瞬间长波急跌，跌幅巨大、力度之猛有雷霆万钧之势。

（4）随后均价线逐渐靠近价格，并未出现均价线背离现象，明显跌势已成。

（5）然后在低位弱势盘整修复，指标甚至还在不断创新低，日线报收大阴线，将多头全部杀尽。

（6）这种典型形成头肩顶后出现断崖式跳水的走势，持有多单炒单者应立即止损，不要抱有任何侥幸心理，这种图形应坚决看空做空。

图例 093

相关说明：

（1）如图例093所示，这是典型磨顶后均价线受反阻出现断崖式跳水的走势。

（2）首先在均价线附近来回宽幅震荡，整体在均价线之下构建头肩顶结构。

（3）随后开始急拉但迅速出现回头波并跌穿均价线完成诱多。

（4）接着反抽均价线但受均价线反阻，并形成尖刀顶。

（5）然后开始出现断崖式跳水，下跌幅度大、力度猛、跌幅高达1.7%，杀伤力强。

（6）这种典型磨顶后均价线受反阻出现断崖式跳水的走势，持有多单炒单者应在反抽受阻时立即止损，不要抱有任何侥幸心理，尤其是在反抽受阻又形成尖刀顶时应坚决看空做空。

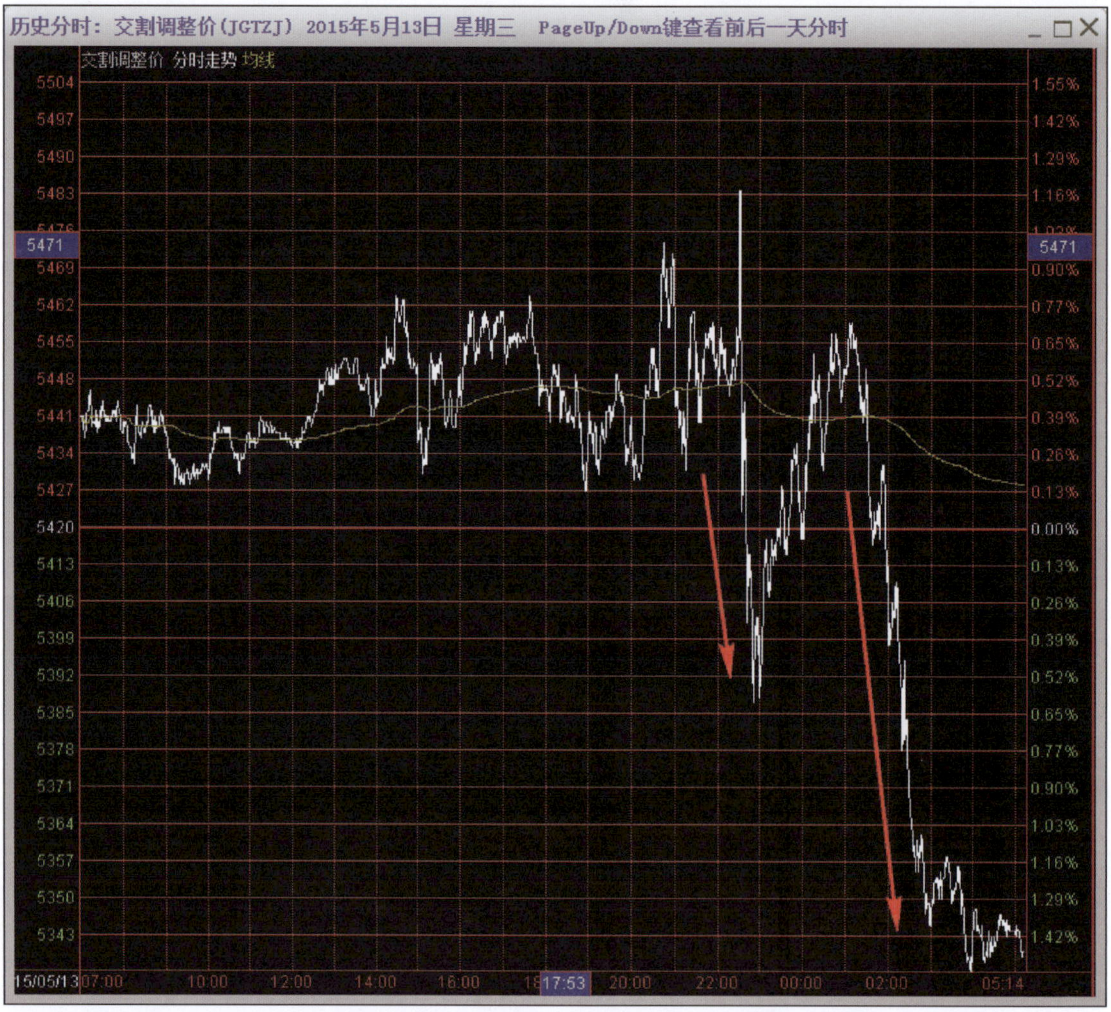

图例094

相关说明：

（1）如图例 094 所示，这是典型急拉诱多后出现断崖式跳水的走势。

（2）首先在分时图均价线附近来回宽幅震荡，整体上在均价线附近构建头肩顶结构。

（3）随后开始急拉但迅速回落形成尖顶并跌穿均价线完成诱多。

（4）接着反抽但受前面头肩顶右肩的反阻再次直线跌穿均价线。

（5）然后开始断崖式跳水，杀伤力大，最后在低位弱势盘整修复指标，甚至还在不断创新低，日线报收大阴线，将多头全部杀尽。

（6）这种典型急拉诱多后出现断崖式跳水的走势，持有多单炒单者应在急拉诱多时立即止损，不要抱有任何侥幸心理，尤其是在形成尖顶和反抽受反阻时应坚决看空做空。

6. 分时图梯级跳下单法

图例 095

相关说明：

（1）分时图上的梯级跳属于最害人的缓慢迟滞多翻空，杀伤力很大。

（2）这是原油投资很常见的温吞做空定式，是你必须掌握的下单要领。

（3）所谓梯级跳，是指价格跌跌停停，形似下楼梯的样子构成的图形。

（4）如图例 095 所示，箭头所指逐级下跌的图形，就是最温吞的梯级跳。

（5）梯级跳具有极大的隐形杀伤力，千万不可以大意，要认真对待。

（6）一旦发现这样的分时走势图，要立即多翻空，积极做空。

图例 096

相关说明：

（1）如图例 096 所示，这是典型阶梯式盘跌下跳的走势。

（2）首先在分时图均价线附近窄幅震荡，蓄势蕴量变盘，在变盘前没有进行诱多诱空。

（3）接着开始变盘向下直线跌穿均价线，在弱反抽过程中仍然在一路阴跌。

（4）随后均价线逐渐靠近价格，并未出现均价线背离现象，明显跌势已成。

（5）然后在低位弱反抽修复指标后再下一个台阶，随后又是高低点不断下移，在向下下一个台阶，整个走势呈现阶梯式阴跌，丝毫没有反弹，日线报收大阴，将多头全部杀尽。

（6）这种典型阶梯式盘跌下跳的走势，持有多单炒单者应在反抽无力时立即止损，不要抱有任何侥幸心理，这种阶梯式阴跌的走势图是最为恐怖最为吓人的，这种图形应坚决看空做空，不要犹豫。

7. 分时图三点头下单法

图例 097

相关说明：

（1）分时图上的三点头图形属于最温和的显性多翻空，杀伤力很小。

（2）这是原油投资很常见的温吞做空定式，是你必须掌握的下单要领。

（3）所谓三点头，是指价格三次上攻又回落，形似三次点头构成的图形。

（4）如图例 097 所示，箭头所指三次下跌的图形，就是最温和的三点头。

（5）三点头具有极大的隐形杀伤力，千万不可以大意，要认真对待。

（6）一旦发现这样的分时走势图，要立即多翻空，积极做空。

8. 分时图瀑布波下单法

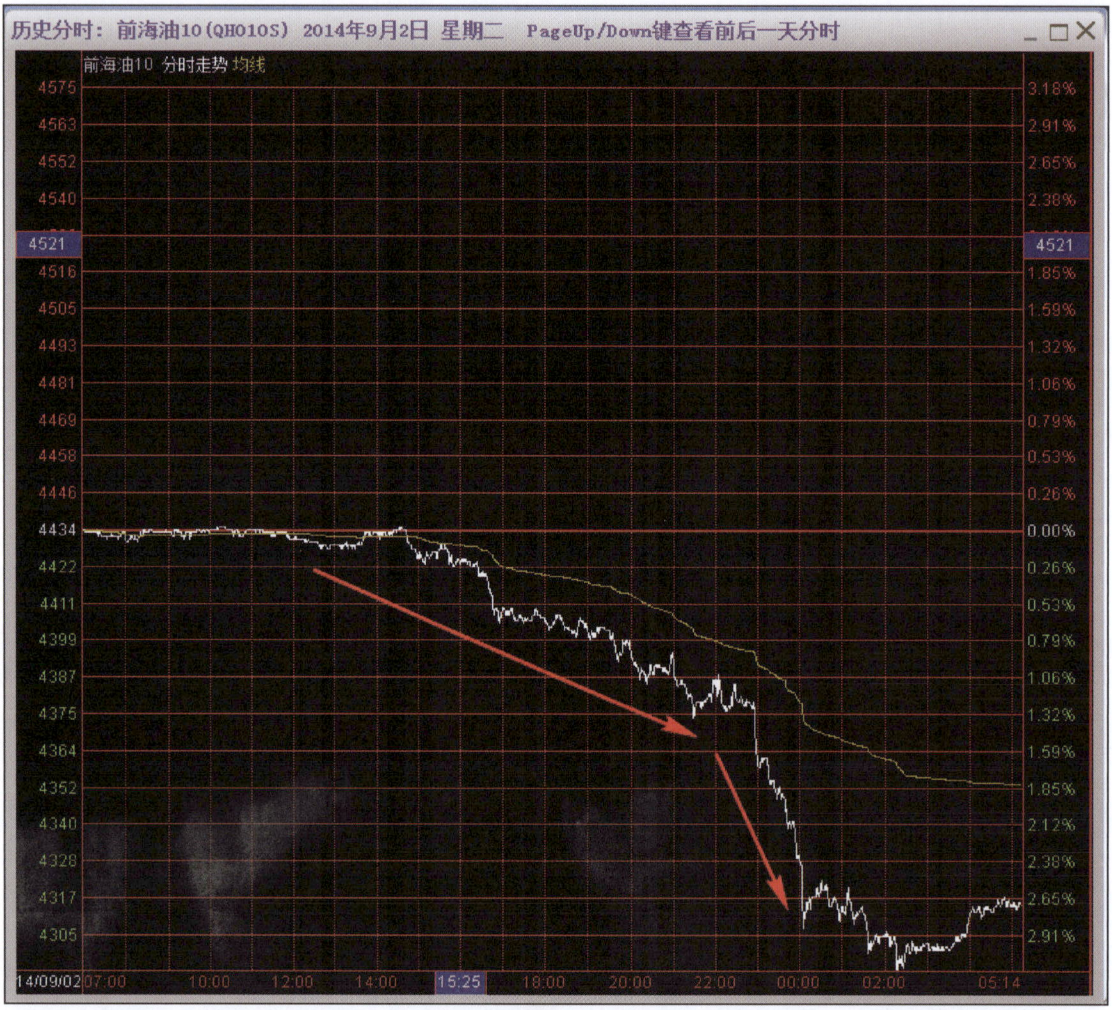

图例 098

相关说明：

（1）分时图上的瀑布波属于最温柔的慢性多翻空，杀伤力也很大。

（2）这是原油投资很常见的温吞做空定式，是你必须掌握的下单要领。

（3）所谓瀑布波，是指价格由缓慢下跌开始，接着像瀑布飞奔构成的图形。

（4）如图例 098 所示，箭头所指逐级下跌的图形，就是常见的瀑布波下跌。

（5）瀑布波具有极大的隐形杀伤力，千万不可以大意，要认真对待。

（6）一旦发现这样的分时走势图，要立即多翻空，积极做空。

9. 分时图指天椒下单法

图例 099

相关说明：

（1）分时图上的指天椒属于最刺激的瞬间急涨急跌多翻空，杀伤力很大。

（2）这是原油投资很常见的疯狂做空定式，是你必须掌握的下单要领。

（3）所谓指天椒，是指价格长波快速飙升又快速暴跌，形似指天椒构成的图形。

（4）如图例 099 所示，箭头所指的图形，就是最刺激最疯狂的指天椒。

（5）指天椒具有极大的刚性杀伤力，千万不可以大意，要认真对待。

（6）一旦发现这样的分时走势图，要立即多翻空，积极做空。

10. 分时图复合顶下单法

图例 100

相关说明：

（1）分时图上的复合顶属于最善良的友善温顺多翻空，杀伤力很小。

（2）这是原油投资很常见的温吞做空定式，是你必须掌握的下单要领。

（3）所谓复合顶，是指价格反复跌跌停停，构成几个顶部形态的图形。

（4）如图例 100 所示，箭头所指反复涨跌的图形，就是最善良的复合顶。

（5）复合顶具有极大的隐形杀伤力，千万不可以大意，要认真对待。

（6）一旦发现这样的分时走势图，要立即多翻空，积极做空。

第五章 选择飘单的技巧

所谓飘单，也叫漂单，就是让单飘着，不做任何操作。飘单有两类，一类是主动性飘单，一类是被动性飘单。主动性飘单又分为多单飘单和空单飘单，被动性飘单也分为多单飘单和空单飘单。主动性飘单是根据趋势的特质，持盈，直到出现转势信号，才进行止盈。本章主要讲述主动性飘单的操作方法。至于被动性飘单，不在本书讨论范围之内。

第一节 顺势型飘单的技巧

一、上行趋势的飘单技巧

1. 同色同步飘单法

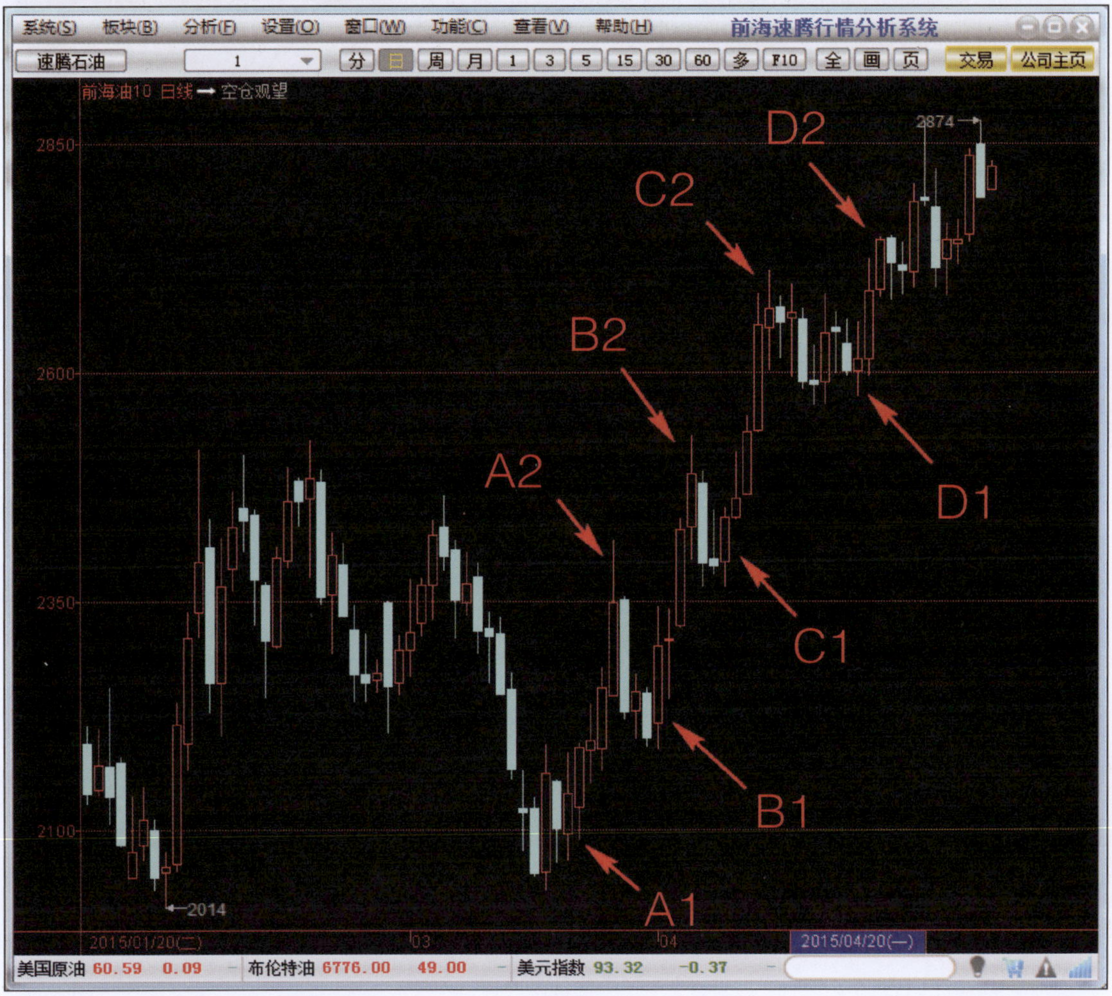

图例 101

相关说明：

（1）主动性飘多单，属于金融交易者最需要掌握的顺势交易技巧。

（2）多单飘单的核心机理，在于蜡烛线的同步位移，同步则飘单。

（3）如图例 101 所示，从 A1 到 A2 属于同色同步，因此飘多单。

（4）如图例 101 所示，从 B1 到 B2 属于同色同步，因此飘多单。

（5）如图例 101 所示，从 C1 到 C2 属于同色同步，因此飘多单。

（6）如图例 101 所示，从 D1 到 D2 属于同色同步，因此飘多单。

2. 异色同步飘单法

图例 102

相关说明：

（1）在日线级别以下的时间框架里，经常出现异色同步的情形。

（2）不少交易者经常会出现一做就错两面挨耳光的尴尬局面。

（3）解决这种尴尬的最佳方法，就是运用异色同步来应对。

（4）如图例 102 所示，从 A1 到 A2 属于正常的做多阶段。

（5）很多人往往会在 A2 的位置离开，因为那里出阴线了。

（6）如果运用异色同步原理，则会选择飘单，而在 A3 处离开。

3. 异色同步实战案例

图例 103

相关说明：

（1）如图例 103 所示，这是一个最近的实战案例。

（2）从 A1 出现上拉线开始做多单，这是正确的选择。

（3）到了 A2 处，出现高开低走的蜡烛图，很多人选择离开。

（4）其实，这个位置虽然有点高，但是不是要选择离开，未必。

（5）如果用异色同步原理来判断，就会选择飘单，而不是离开。

（6）一路飘单，直到 A3 处出现了离场信号，才选择获利了结。

二、下行趋势的飘单技巧

1. 同色同步飘单法

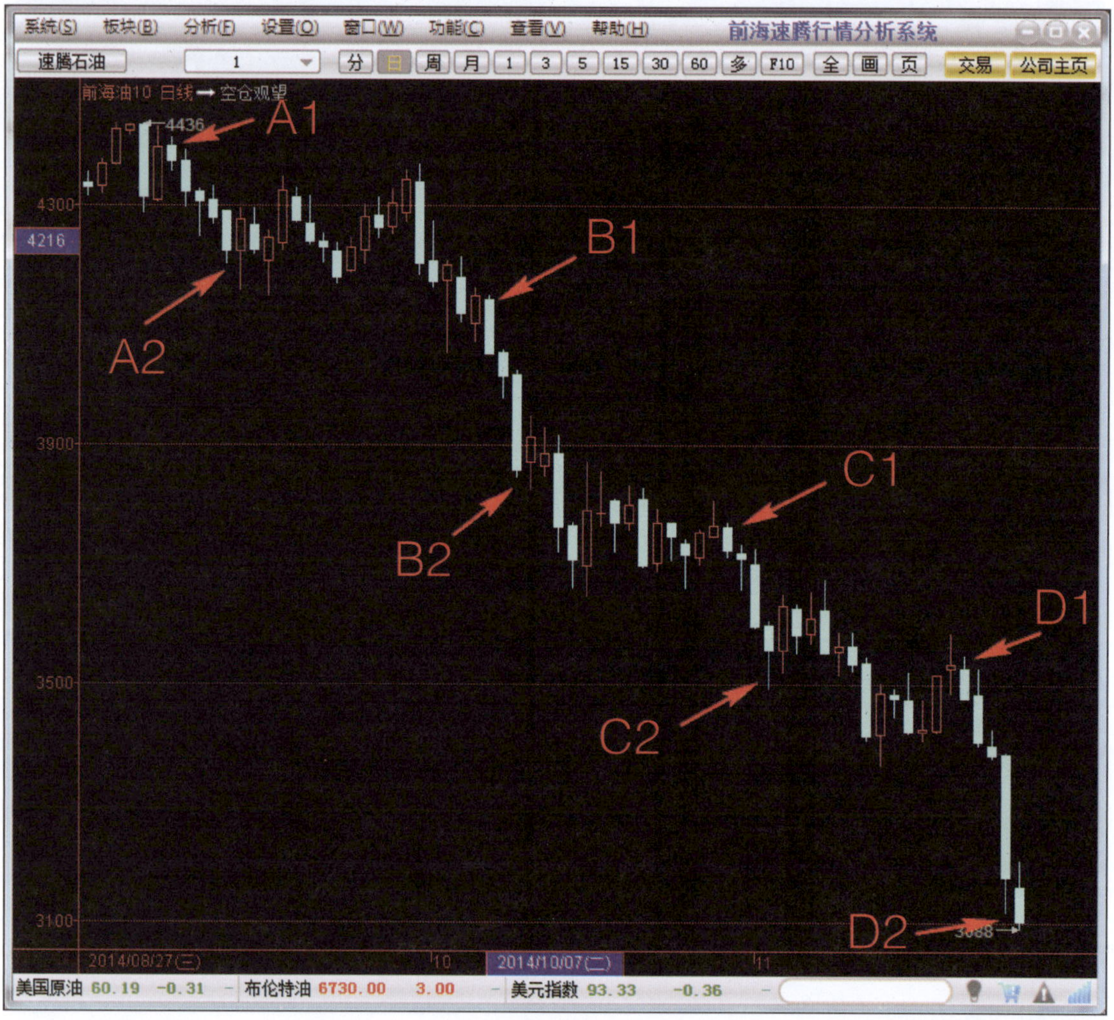

图例 104

相关说明：

（1）主动性飘空单，也属于金融交易者最需要掌握的顺势交易技巧。

（2）空单飘单的核心机理，在于蜡烛线的同步位移，同步则飘单。

（3）如图例 104 所示，从 A1 到 A2 属于同色同步位移，因此飘单。

（4）如图例 104 所示，从 B1 到 B2 属于同色同步位移，因此飘单。

（5）如图例 104 所示，从 C1 到 C2 属于同色同步位移，因此飘单。

（6）如图例 104 所示，从 D1 到 D2 属于同色同步位移，因此飘单。

2. 异色同步飘单法

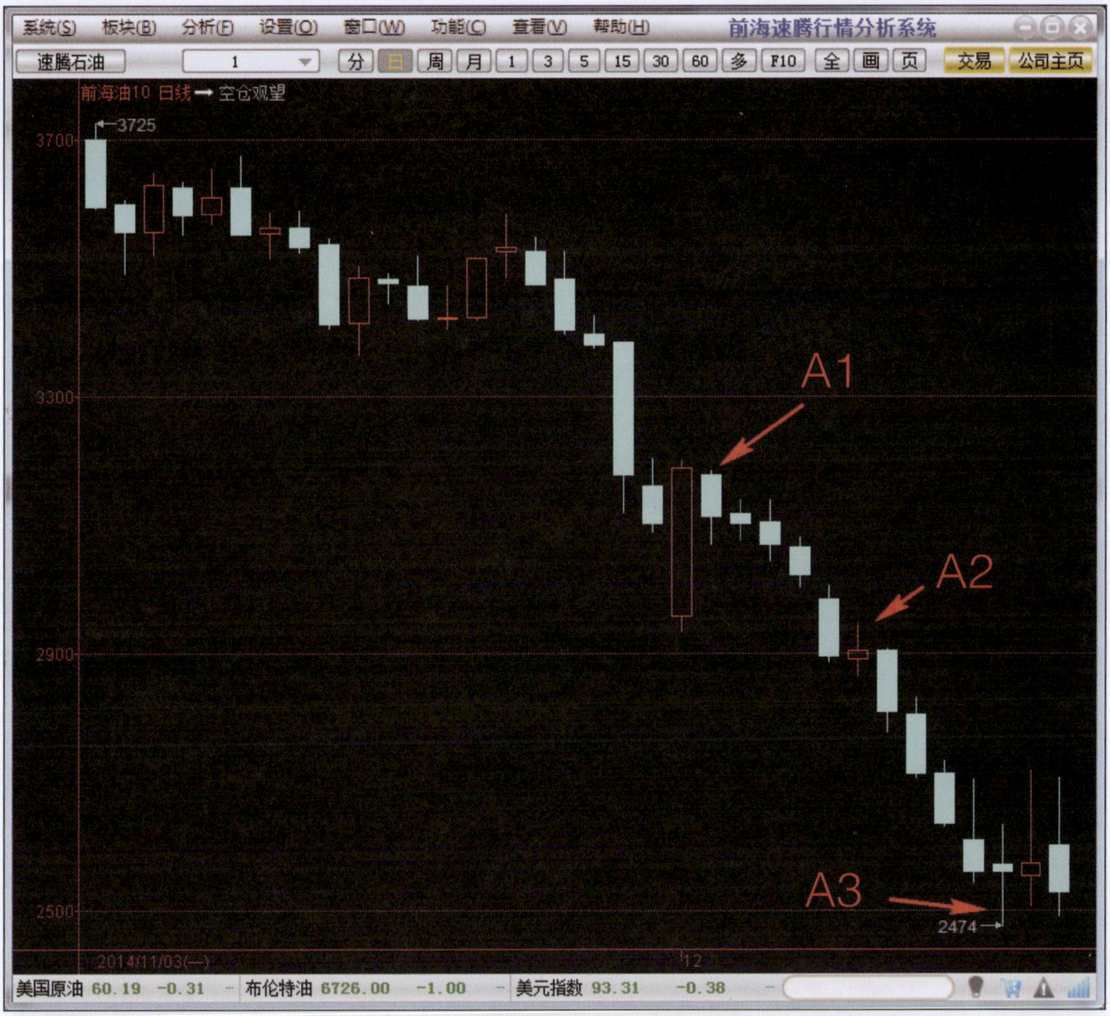

图例 105

相关说明：

（1）如图例 105 所示，这是一个最近的异色同步实战案例。

（2）从 A1 出现孕高线开始做空单，这是非常正确的选择。

（3）到了 A2 处，出现低开高走的蜡烛图，很多人选择离开。

（4）其实，这个位置虽然有点低，但是不是要选择离开，未必。

（5）如果用异色同步原理来判断，就会选择飘单，而不是离开。

（6）一路飘单，直到 A3 处出现了离场信号，才选择获利了结。

第二节 蓄势型飘单的技巧

一、价格高点飘单技巧

1. 双高飘单法

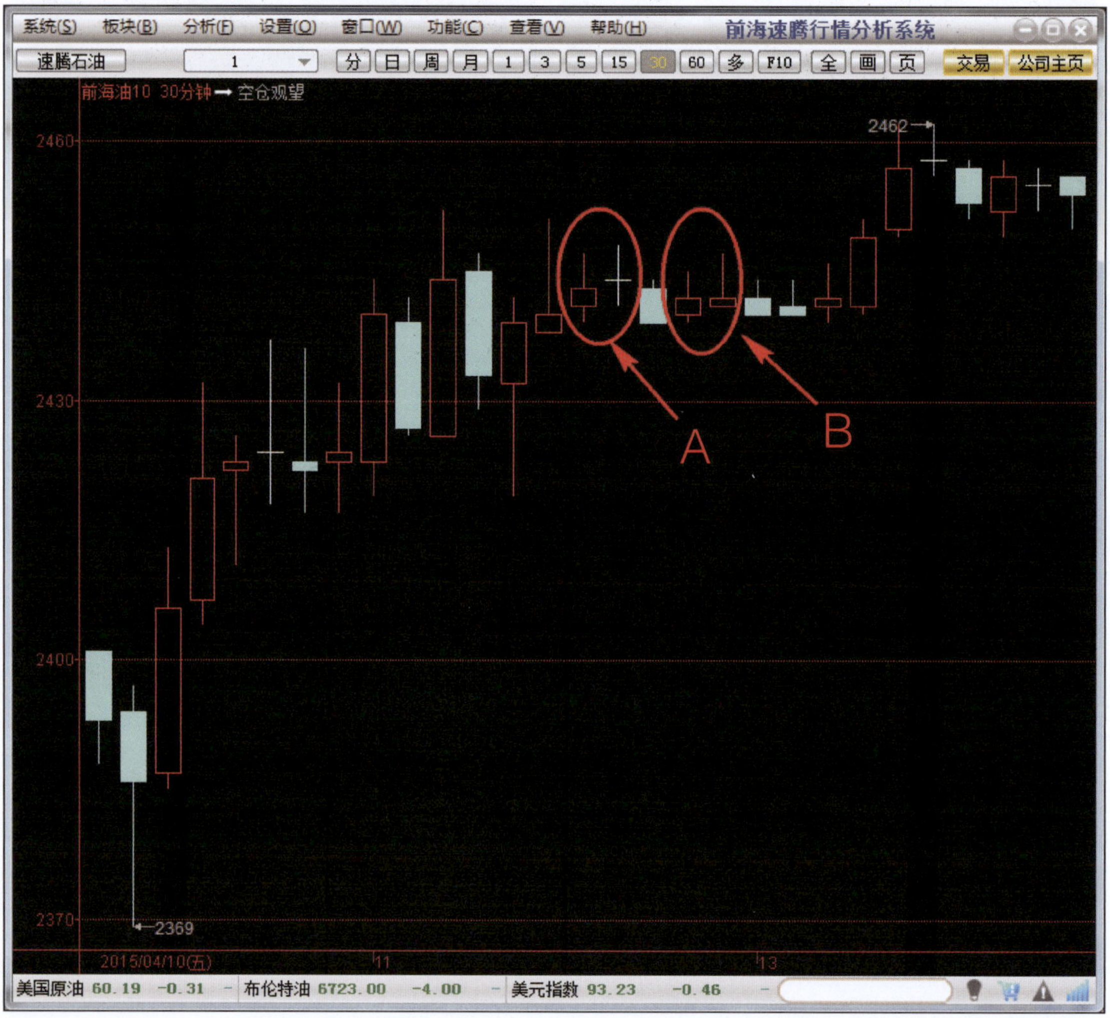

图例 106

相关说明：

（1）蓄势形态的高点飘单法，可以分为高点同高飘单法和高点同低飘单法两种。

（2）所谓高点同高，是指在蓄势形态中，相邻的两根蜡烛线的高点略有抬高。

（3）所谓低点同高，是指在蓄势形态中，相邻的两根蜡烛线的低点略有抬高。

（4）如图例 106 所示，A 处属于蓄势形态，小阳线的高点和十字线的高点同高。

（5）如图例 106 所示，B 处属于蓄势形态，小阳线的高点和靶星线的高点同高。

（6）像这样的高点同高图形，做多单的投资者此时就不必急于离开，而是飘着。

2. 双低飘单法

图例 107

相关说明：

（1）多单双低飘单法是指拉大阳线之后出现的孕线蓄势形态采用的飘单方法。

（2）如果蓄势的一组蜡烛线位于大阳线的最高价之上，即使是高点同低，也是属于强势震荡走势，上行趋势并未改变，此时多单不必止盈，而是应该选择飘着。

（3）如果蓄势的一组蜡烛线位于大阳线的收盘价之上，即使是高点同低，也是属于强势震荡走势，上行趋势并未改变，此时多单不必止盈，而是应该选择飘着。

（4）如果蓄势的一组蜡烛线位于大阳线实体的1/3之上，即使是高点同低，也是属于正常回吐走势，多头占优格局并没改变，此时多单不必止盈，而是应该选择飘着。

（5）如果蓄势的一组蜡烛线位于大阳线实体的1/2之上，即使是高点同低，也是属于可以容忍的走势，多头占优的格局尚未改变，此时多单不必止盈，而是应该选择飘着。

（6）如果跌穿了大阳线的开盘价，就不必飘单，而要选择高点止盈。

二、价格低点飘单技巧

1. 双高飘单法

图例 108

相关说明：

（1）蓄势形态的低点飘单法，可以分为低点同高飘单法和低点同低飘单法两种。

（2）所谓低点同高，是指在蓄势形态中，相邻的两根蜡烛线的低点略有抬高。

（3）所谓低点同低，是指在蓄势形态中，相邻的两根蜡烛线的低点略有下移。

（4）如图例 108 所示，A 处属于蓄势形态，相邻的两根小阳线的低点同步抬高。

（5）如图例 108 所示，B 处属于蓄势形态，相邻的两根蜡烛线的低点同步抬高。

（6）像这样的低点同高图形，做多单的投资者此时就不必急于离开，而是飘着。

2. 双低飘单法

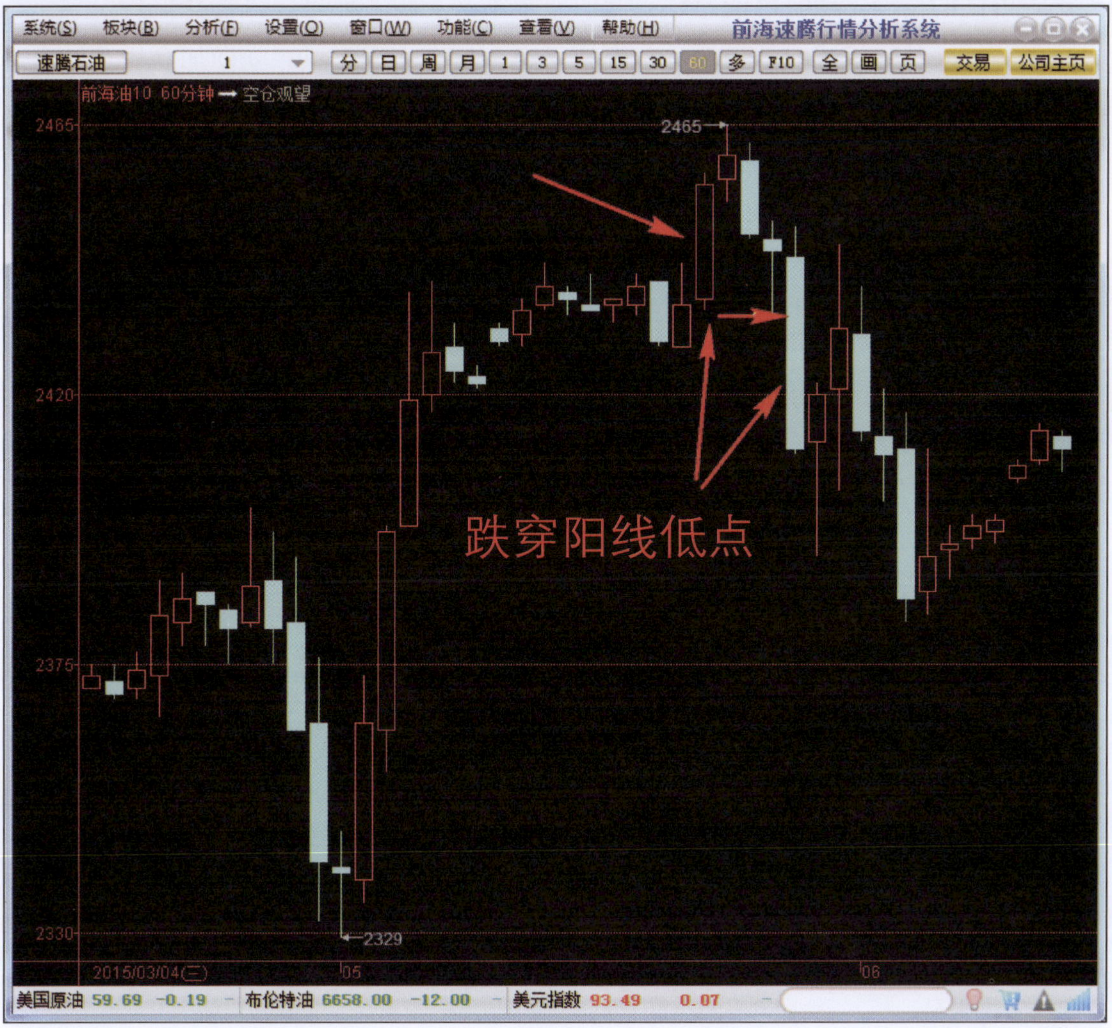

图例 109

相关说明：

（1）空单双低飘单法是指拉阳线之后出现的孕线蓄势形态采用的飘单方法。

（2）如果蓄势的一组蜡烛线位于阳线的最高价之下，则选择做空单，或观望。

（3）如果蓄势的一组蜡烛线位于阳线的收盘价之下，而且低点同低，属于空头弱势震荡走势，下行趋势已经发生，此时空单不必止盈，而是应该选择飘着。

（4）如果蓄势的一组蜡烛线位于阳线实体的 1/3 之下，而且低点同低，属于空头较强震荡走势，空头开始占优，此时空单不必止盈，而是应该选择飘着。

（5）如果蓄势的一组蜡烛线位于阳线实体的 1/2 之下，而且低点同低，属于空头正式占优的格局，随时可能急跌，此时空单不必止盈，而是应该选择飘着。

（6）如果跌穿了阳线的最低价，则属于空头彻底占据上风，立即加仓做空。

第六章 仓位管理策略

仓位管理非常重要，在实战中，一定要学会合理的调配资金，按照一定的比例配置仓位。不管是做多还是做空，都不应该一次性满仓操作。而且，除了合理配置仓位之外，还要学会根据走势动态调整仓位。只有这样，才能实现获利最大化，才能确保稳定盈利，才能彻底降低获利回吐的比率，才能有效地控制风险，实现财富快速增值。

第一节 多单仓位管理策略

一、多单仓位管理技巧

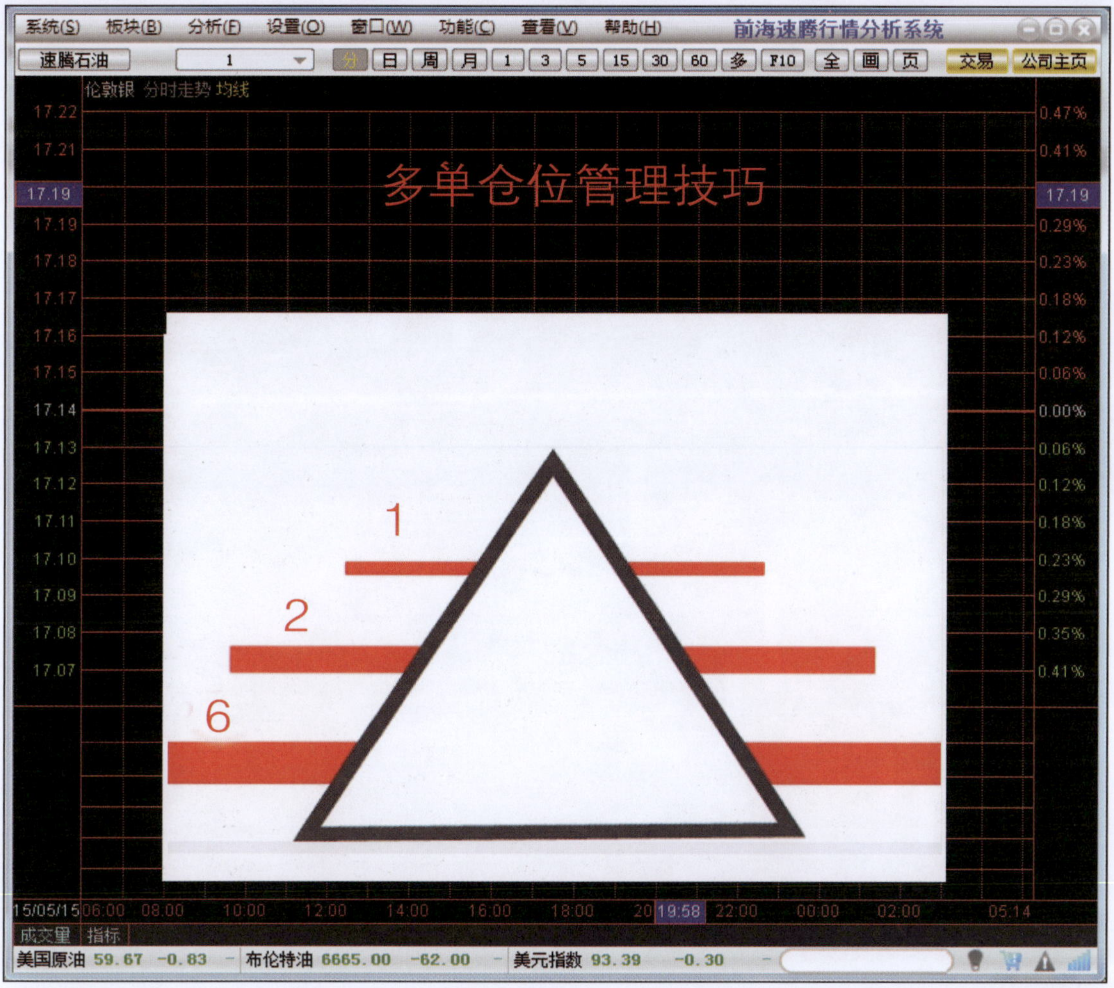

图例 110

相关说明：

（1）多单的仓位配置，可以按照 621 的方案来实施。如图。

（2）这里的 6 是指 6 成仓位，2 是指 2 成仓位，1 是指 1 成仓位。

(3) 在低位出现反转大阳线的时候，即时做多，仓位占 6 成即可。

(4) 在持续形态的阳线中，加码做多，每次加码不超过 2 成仓位。

(5) 加码的同时要坚决及时逢高点止盈，及时撤回加码的资金。

(6) 1 成仓位属于机动使用的，以应对难以预料的急拉走势。

二、多单仓位管理案例

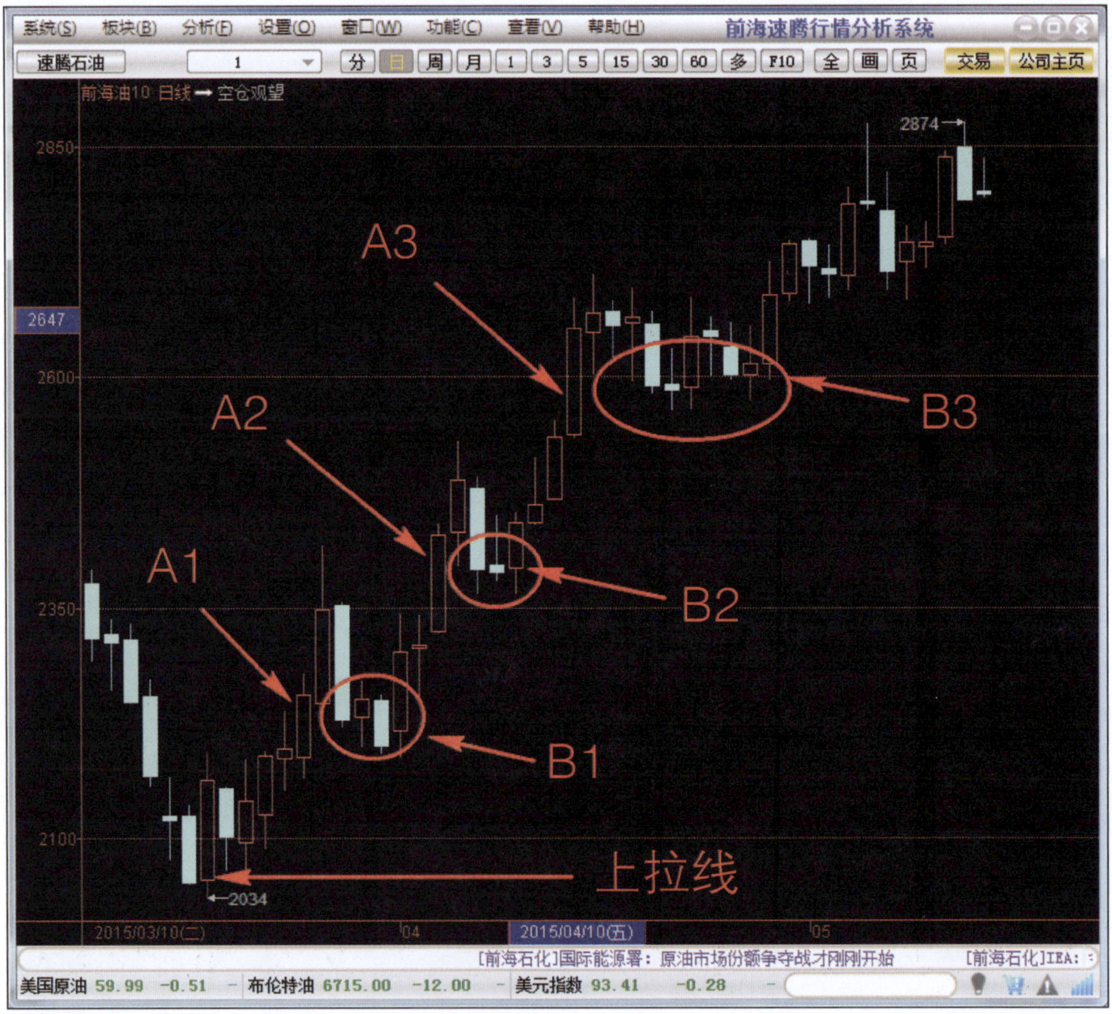

图例 111

相关说明：

(1) 如图例 111 所示，在低位出现上拉线，经典的反转形态，开始做多。

(2) 此处可以按照 621 仓位配置原则，当天收盘之前，逐步配置 6 成。

（3）行至 A1 处，已经是三连阳，根据连阳技术原则操作即可。

（4）在 B1 处，再次出现上拉线，重新布局，再加满 6 成仓位。

（5）在 A2 和 A3 处，多单操作的方案，可以参照 A1 的方案处理。

（6）在 B2 和 B3 处，属于阶段性上涨趋势转折点，可参照 B1 方案执行。

第二节　空单仓位管理策略

一、空单仓位管理技巧

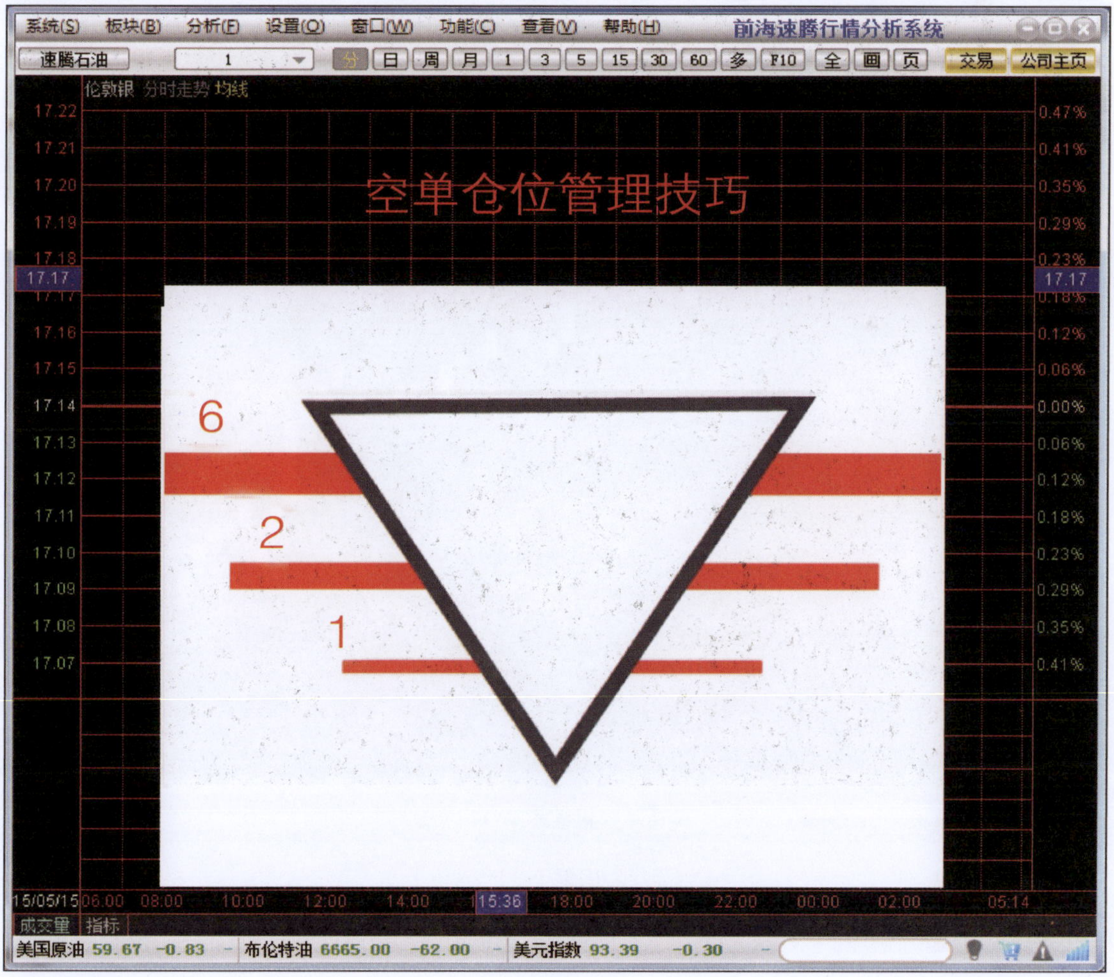

图例 112

相关说明：

（1）空单的仓位配置，也可以按照 621 的方案来实施，如图例 112 所示。

（2）这里的 6 是指 6 成仓位，2 是指 2 成仓位，1 是指 1 成仓位。

（3）在高位出现反转大阴线的时候，即时做空，仓位占 6 成即可。

（4）在持续形态的阴线中，加码做空，每次加码不超过 2 成仓位。

（5）加码的同时要坚决及时逢低点止盈，及时撤回加码的资金。

（6）1 成仓位属于机动使用的，以应对难以预料的急跌走势。

二、空单仓位管理案例

图例 113

相关说明：

（1）如图例 113 所示，在空间位置的高位出现了向下反转的下拉线。

（2）这是典型的多翻空转势信号，应当立即改变交易方向，做空。

（3）这里不允许有任何幻想，而要坚决执行技术纪律和交易纪律。

（4）行至 A1 处，蓄势构筑阶段性底部失败，继续加码做空。

（5）行至 A2 处，蓄势构筑阶段性底部再次失败，继续加码做空。

（6）在没有出现明显的反转信号之前，空单就这么一路飘着。

第三节 飘单仓位管理策略

一、飘单仓位管理技巧

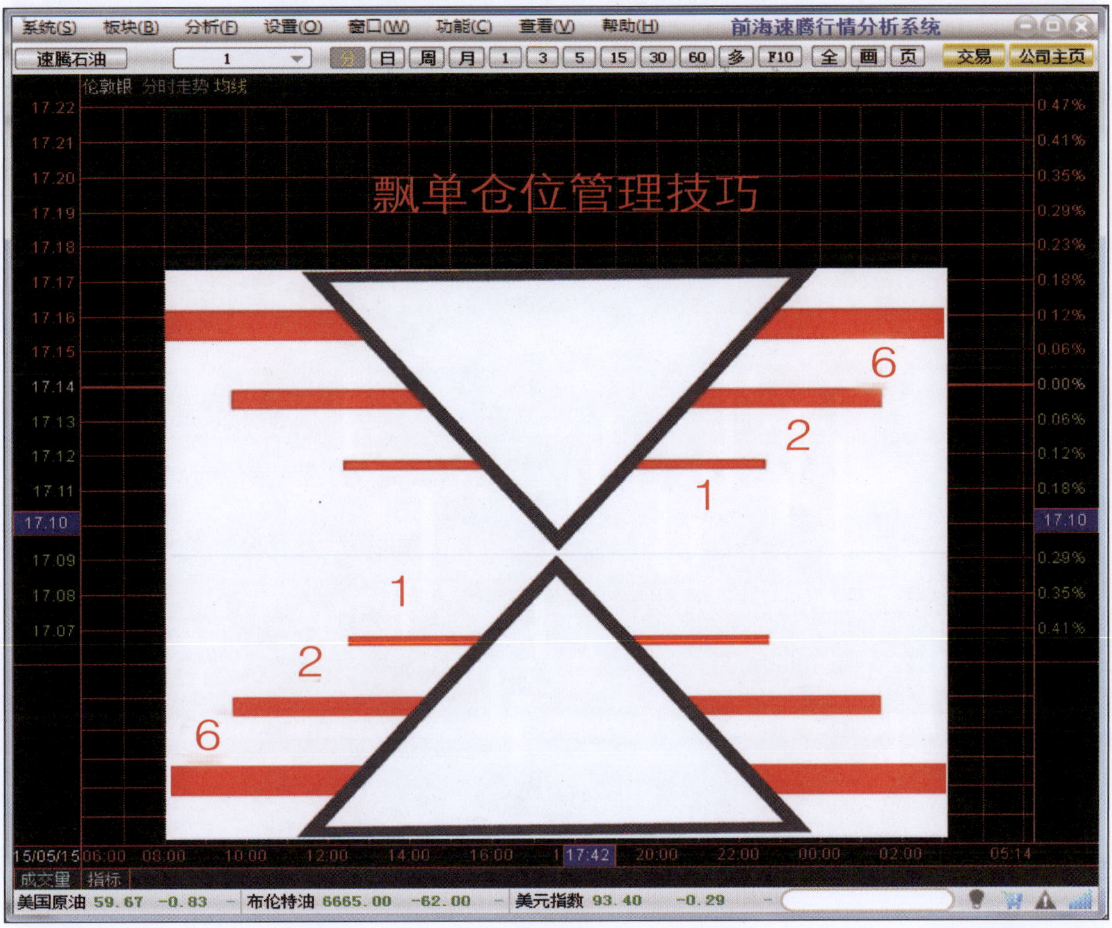

图例 114

相关说明：

（1）飘单的仓位配置，也可以按照 621 的方案来双向实施，如图例 114 所示。

（2）这里的 6 是指 6 成仓位，2 是指 2 成仓位，1 是指 1 成仓位。

（3）在反转大阳线之后出现蓄势走势，可以按多单的方案来配置仓位。

（4）在反转大阴线之后出现蓄势走势，可以按空单的方案来配置仓位。

（5）与此同时要坚决及时设定止盈止损条件，并坚决执行。

（6）如果多头或者空头走势的持续性发生了变化，要立即改变交易方向。

二、飘单仓位管理案例

图例 115

相关说明：

（1）如图例 115 所示，这是典型且常见的飘单例子。

（2）图上 A 处是即将进入蓄势阶段的大阳线，此处不必止盈。

（3）正确的做法是飘着 6 成仓位，另外用 2 成反复套利。

（4）如图上 B 处，反复蓄势，上下震荡，但是上行趋势不变。

（5）因此，此时就可以继续持多单，而不是选择做空，不必如此。

（6）牢记这个原则：根据所见交易，而不是根据所想交易。

第七章 风险管理策略

凡是有交易的地方就有风险，无论是股票、外汇、期货、债券，还是现货、基金或者别的什么品种。风险与收益并存，机会与陷阱同在。因此，我们置身于其中，首先要给自己设定安全阀，把风险管理放在第一位。无论是做多单还是做空单，都要设定止损位，避免把风险扩大化。与此同时，为了避免来回坐过山车，还要设定止盈条件，确保盈利少回吐。

第一节　止盈策略

一、多单止盈策略

图例 116

相关说明：

（1）多单止盈的策略有很多，各位可以根据自己的需要自行设定。

（2）最简单的止盈，就是根据蜡烛线中经典的顶部反转形态来实施。

（3）比如顶部出现长上影线，这是多头进攻受阻的信号，需要及时止盈。

（4）比如高位出现覆盖线，这也是空头占据上风的信号，需要及时止盈。

（5）比如高位出现下拉线，这也是空头占据上风的信号，需要及时止盈。

（6）比如高位出现下跳空，这更是空头占据上风的信号，需要及时止盈。

二、空单止盈策略

图例 117

相关说明：

（1）空单止盈的策略有很多，各位可以根据自己的需要自行设定。

（2）最简单的止盈，就是根据蜡烛线中经典的低位反转形态来实施。

（3）比如低位出现长下影线，这是空头进攻受阻的信号，需要及时止盈。

（4）比如低位出现反包线，这也是空头处于下风的信号，需要及时止盈。

（5）比如低位出现上拉线，这也是空头处于下风的信号，需要及时止盈。

（6）比如低位出现上跳空，这更是空头处于下风的信号，需要及时止盈。

第二节　止损策略

一、多单止损策略

图例 118

相关说明：

（1）多单止损的策略有很多，各位可以根据自己的需要自行设定。

（2）最简单的止损，就是根据蜡烛线中经典的持续失败形态来实施。

（3）比如低位出现三连阳之后，一根大阴线反打前三，需要及时止损。

（4）比如中位出现反包线之后，一根大阴线穿头破脚，需要及时止损。

（5）比如高位出现孕出线之后，一根长阴线彻底破位，需要及时止损。

（6）比如低位出现上跳空之后，一根长阴线回补缺口，需要及时止损。

二、空单止损策略

图例 119

相关说明：

（1）空单止损的策略有很多，各位可以根据自己的需要自行设定。

（2）最简单的止损，就是根据蜡烛线中经典的持续失败形态来实施。

（3）比如低位出现三连阴之后，一根大阳线反包三阴，需要及时止损。

（4）比如中位出现覆盖线之后，一根大阳线反攻倒算，需要及时止损。

（5）比如高位出现墓碑线之后，一根长阳线彻底腾飞，需要及时止损。

（6）比如高位出现下跳空之后，一根阳线低开高走封缺口，需要止损。